BOA
EDITIONS
LIMITED

A Matter of Blue

T0162068

Le bleu ne fait pas de bruit.

C'est une couleur timide, sans arrière-pensée, présage ni projet, qui ne se jette pas brusquement sur le regard comme le jaune ou le rouge, mais qui l'attire à soi, l'apprivoise peu à peu, le laisse venir sans le presser, de sorte qu'en elle il s'enfonce et se noie sans se rendre-compte de rien.

Le bleu est une couleur propice à la disparition.

Une couleur où mourir, une couleur qui délivre, la couleur même de l'âme après qu'elle s'est déshabillée du corps, après qu'a giclé tout le sang et que se sont vidés les viscères, les poches de toutes sortes, déménageant une fois pour toutes le mobilier de nos pensées.

Indéfiniment, le bleu s'évade.

A MATTER OF BLUE

Une histoire de bleu

Poems by

JEAN-MICHEL MAULPOIX

✳

*Translated from the French
with an Introduction by*
DAWN M. CORNELIO

Manufactured in the United States of America

First Edition
05 06 07 08   7 6 5 4 3 2 1

Publications by BOA Editions, Ltd.—
a not-for-profit corporation under section 501 (c) (3)
of the United States Internal Revenue Code—
are made possible with the assistance of grants from
the Literature Program of the New York State Council on the Arts;
the Literature Program of the National Endowment for the Arts;
the Sonia Raiziss Giop Charitable Foundation; the Lannan Foundation;
the Mary S. Mulligan Charitable Trust; the County of Monroe, NY;
the Rochester Area Community Foundation;
the Elizabeth F. Cheney Foundation; the Ames-Amzalak Memorial Trust
in memory of Henry Ames, Semon Amzalak and Dan Amzalak;
the Chadwick-Loher Foundation in honor of Charles Simic and Ray Gonzalez;
the Steeple-Jack Fund; The Chesonis Family Foundation; and the CIRE Foundation.

Cover Design: Lisa Mauro
Cover Painting: "Twilight" by Dragan Shex, courtesy of the artist
Interior Design and Composition: Richard Foerster
Manufacturing: McNaughton & Gunn, Lithographers
BOA Logo: Mirko

LIBRARY OF CONGRESS CATALOGING-IN-PUBLICATION DATA

Maulpoix, Jean-Michel, 1952–
[Histoire de bleu. English & French]
Une histoire de bleu = A matter of blue / Jean-Michel Maulpoix ; Dawn M.
Cornelio, translator.— 1st American bilingual ed.
    p. cm. — (The Lannan translations selection series)
ISBN 1–929918–67–4 (trade paper : alk. paper) – ISBN 1–929918–66–6
(trade cloth : alk. paper)
I. Cornelio, Dawn M. II. Title. III. Series.

PQ2673.A8165H5713 2005
841′.914–dc22

2005000635

BOA Editions, Ltd.
Thom Ward, Editor
David Oliveiri, Chair
A. Poulin, Jr., President & Founder (1938–1996)
260 East Avenue, Rochester, NY 14604
www.boaeditions.org

NATIONAL
ENDOWMENT
FOR THE ARTS

State of the Arts
NYSCA

Contents

✳

Le regard bleu
The Blue Look

Journaux du soir
Evening Papers

Adresse au nageur
Remarks to the Swimmer

Carnet d'un éphémère
Diary of an Ephemeral Man

Diverses manières de mourir
Various Ways of Dying

Dernières nouvelles de l'amour
Love's Latest News

Introduction

"We know love exists through hearsay." Although the color blue that is so central to this collection and to many of the poems is absent here, a close look at this first line of Jean-Michel Maulpoix's *A Matter of Blue* offers a truly revealing glimpse into several of the themes and motifs developed throughout the following pages. "We," as the first word of the first line of the first poem, emphasizes the importance of connection and community for this poet. At the most basic level, the poet works to construct and nurture this community by offering himself as part of the collective and reaching out to establish an unbreakable link between himself and the reader and our shared experience. This opening line also confirms the existence of one of the greatest desires we share—for love, of course—and, even though we only know it exists through hearsay, our certainty of its existence cannot be denied. The poem develops this succinct line and goes on to confirm our desire for love, and for "sky," just as it situates the collection in an authentic, contemporary world where nature and man's constructions must coexist, where the community of the "we" is threatened by the possibility of isolation.

Jean-Michel Maulpoix's involvement in poetry and literature ranges across several roles, from poet to critic, from professor to director of a highly respected literary journal, *Le Nouveau recueil*. He is the author of no fewer than twenty-five collections of poetry in blank verse fragments and in prose, along with thirteen volumes devoted not only to specific poets, such as René Char, Jacques Réda, and Henri Michaux, but also to reflections on trends and manifestations in contemporary French poetry. In addition to these pursuits, he actively promotes literature and poetry through the Internet as webmaster of his own very extensive site, Jean-Michel Maulpoix & Cie (www.maulpoix.net), where numerous links lead to biographical and bibliographical information, unpublished texts, lyric poems and critical essays, as well as images of the poet's notebooks, photographs, and paintings. Furthermore, through this site, Maulpoix reaches out to his "semblables," his brethren, by surrounding himself with links to sites dedicated to other poets and literary critics.

A Matter of Blue, first published by Mercure de France in 1992, has gone through several printings in France, but this is the first bilingual edition. This particular collection is Maulpoix's most successful in both commercial and critical terms to date, as it operates on a recognizable, accessible level, and offers a coherent narrative voice that struggles for understanding and associations in a postmodern, fragmented, sometimes desolate world.

The color blue of the title assumes many incarnations throughout the poems. In a 1996 interview for *La Sape*, Maulpoix confirms the multiplicity of associations with this color: Blue connects to both feeling and belief; it is the color of love letters; of Emma Bovary's dresses; and, of course, of the sea and the Virgin Mary. From various poems, we read that blue is what we would like to cultivate, something that clings to both bees' legs and the poet's lips, can be used as a basis for composition or creation, is inherent in the gaze of the dark-eyed women, suffers with and because of us, has the capacity to rise from our refuse, makes no noise, but is propitious to departure and even to death.

The color encompasses not only the melancholy and nostalgia of these poems, but also the joy and hope inherent in life. It incorporates both the infinity and possibility found in the sea and the undeniable limits and despair of human life that must end in death. Even if the gods' presence can no longer be taken for granted, blue still remains to accompany us in our daily lives, although it may suffer from fatigue and be unsure of its own strength.

Formal and thematic symmetry are both essential elements in the structure of *A Matter of Blue*. On the formal level, the collection is composed of nine chapters, with the central, fifth chapter differing from the others. Although this chapter, "The Bright Sails," is composed of nine individual texts, as are the others, unlike them, it is written in free-verse fragments, which contrast visually and rhythmically with the prose paragraphs that constitute the other chapters. Graphically, the collection can be imagined as an old-fashioned set of scales with the central poem serving as the pivot point to which the other two groups of poems are placed in the balance, as the totality seeks out its own ultimate equilibrium. The poet's preoccupation with this formal symmetry is also evident in the fact that, in the original French text, all poems on facing pages mirror each other exactly in length, number of paragraphs, and layout.

The thematic symmetry is quite complex and composed principally of a series of contrasting notions that strike a balance between positive and negative spaces. Among these contrasted pairings are the natural world (the sky, the sea, islands, and insects) and man's constructed world (cafés, city intersections, advertising posters, and cemeteries); the gods' absence in churches and prayers versus their presence in the sea; the poet's mobility as he travels through the world as opposed to his inevitable immobility as he stops to transcribe this very movement on paper. The solitude of the individual facing the sea in contemplation contrasts with the community of individuals whose joys and pains are similar, those who gather together on boardwalks on summer evenings and in cemeteries on cold fall afternoons.

Three years after the first French publication of *A Matter of Blue*, Jean-Michel Maulpoix published a selection of his critical essays on poetry under the title *La poésie malgré tout* (*Poetry Despite It All*). The brief motto may indeed be the most accurate description of the relationship between this poet and his work: simply to compose, to carry on, despite the probable absence of the gods, despite solitude, despite melancholy, despite the uncertainty of the existence of love, despite the inaccuracy and worn-out quality of language itself, despite even death. In Maulpoix's poems, words themselves are what can help capture that great inkwell of the blue sea. The one who dips his pen or himself into the blue will be liberated and somehow validated, "rinsed of [his] melancholy," and, with luck, comforted by the assurance "the sea will look after our remains."

—Dawn M. Cornelio

Une histoire de bleu

> *On pourrait imaginer que quelqu'un*
> *écrivit une histoire du bleu.*
>
> —Rainer Maria Rilke

> *Et les hommes vont admirer les cimes des monts,*
> *les vagues de la mer, le vaste cours de fleuves, le circuit de l'océan*
> *et le mouvement des astres, et ils s'oublient eux-mêmes.*
>
> —Saint Augustin

A Matter of Blue

*One could imagine someone
wrote a history of blue.*

—Rainer Maria Rilke

*And men go abroad to admire the heights of mountains,
the mighty waves of the sea, the broad tides of rivers, the compass of the
ocean, and the circuits of the stars, yet pass over the mystery of themselves
without a thought.*

—Saint Augustine

Le regard bleu

The Blue Look

Nous connaissons par ouï-dire l'existence de l'amour.

Assis sur un rocher ou sous un parasol rouge, allongés dans le prés bourdonnant d'insectes, les deux mains sous la nuque, agenouillés dans la fraîcheur et l'obscurité d'une église, ou tassés sur une chaise de paille entre les quatre murs de la chambre, tête basse, les yeux fixés sur un rectangle de papier blanc, nous rêvons à des estuaires, des tumultes, des ressacs, des embellies et des marées. Nous écoutons monter en nous le chant inépuisable de la mer qui dans nos têtes afflue puis se retire, comme revient puis s'éloigne le curieux désir que nous avons du ciel, de l'amour, et de tout ce que nous ne pourrons jamais toucher des mains.

We know love exists through hearsay.

Seated on a rock or under a red umbrella, lying in the field buzzing with insects, our hands clasped behind our necks, kneeling in the cool darkness of a church or huddled on a straw chair with the room's four walls, head lowered, eyes fixed on a rectangle of white paper, we dream of estuaries, tumultuous surf, clearing weather and tides. We listen to the inexhaustible chant of the sea within us, as it rises and falls in our heads, like the flow and ebb of the strange desire we have for sky, for love, and all that we cannot touch with our hands.

La mer en nous essaie des phrases.

Depuis des lustres, la même voix épelle le même alphabet dans le même cerveau d'enfant. Elle balbutie des mots vite envolés, accrochés aux herbes des plages, à la peau brunie des baigneurs, à la proue des barques, aux mâtures. Des mots quelconques, pour rien et pour quiconque. Il n'y est question que de l'amour. C'est pourquoi nous ne savons trop que dire et souffrons que le regard d'autrui s'attarde sur notre visage quand nous voudrions qu'il se pose à même notre cœur. Nos lèvres sont si maladroites, notre corps invisible dans la nuit opaque, et nos mains malhabiles, des éclairs ou des ailes pourtant au bout des doigts.

The sea within us tries out sentences.

Since the dawn, the same voice spells the same alphabet in the same infant brain. It mutters words, which quickly fly off, snagged on beach grass, on swimmers' browned skin, on boats' bows, on masts. Ordinary words, for nothing and no one in particular. It's about nothing but love. This is why we hardly know what to say and we suffer when someone's gaze lingers on our face, when we wish it would settle right in our heart. Our lips are so awkward, our body invisible in the opaque night, and our hands inept, yet lightning or wings are at our fingertips.

L'un d'entre nous parfois se tient debout près de la mer.

Il demeure là longtemps, fixant le bleu, immobile et raide comme dans une église, ne sachant rien de ce qui pèse sur ses épaules et le retient, si frêle, médusé par le large. Il se souvient peut-être de ce qui n'a jamais eu lieu. Il traverse à la nage sa propre vie. Il palpe ses contours. Il explore ses lointains. Il laisse en lui se déplier la mer : elle croît à la mesure de son désir, elle s'enivre de son chagrin, cogne comme un bâton d'aveugle, et le conduit sans hâte où le ciel a seul le dernier mot, où personne ne peut plus rien dire, où nulle touffe d'herbe, nulle idée ne pousse, où la tête rend un son creux après avoir craché son âme.

Sometimes one of us stands near the sea.

He remains there for a long time, staring at the blue, motionless and stiff, as if in a church, knowing nothing about what weighs upon his shoulders and holds him back, so weak, hypnotized by the sea. He remembers what may have never happened. He swims through his own life. He inspects its shape with his fingers. He explores its distant edges. He allows the sea to unfold within him: it grows to match his desire, becomes intoxicated on his sorrow, strikes out like a blind man's cane, and leads him without haste where the sky alone has the last word, where no one can say anything else, where no tuft of grass, no idea grows, where the head emits a hollow sound after spitting out its soul.

Les beaux jours, le large poudroie.

Le ciel est de tuiles blanches. La sieste de la mer creuse une longue cicatrice d'encre sur la joue de l'horizon où les voiliers tracent de grandes routes calmes et plantent leur amour d'oiselier d'un blanc très nu.

Des jardins superflus poussent plus haut vers le large, odorants de menthes, de myosotis et d'impatientes. Une rumeur de lilas dégringole vers la mer quand, sur les balcons de bois peint, le cœur des marins éclabousse.

C'est un dimanche d'été dans l'antichambre de la mer. Les rideaux tirés bâillent un peu. La lumière clignote. Son eau claire coule et tremble sur le bois ciré des meubles et le papier. Une frêle escadre est en partance. Et le tangage lent d'un poème. Un désir s'éveille ou s'endort. Des portes vers le large s'entrouvrent puis se referment. Le rêveur a trempé ses doigts dans le bleu. Son corps est désormais de sable.

On nice days, the open sea shimmers.

The sky is tiled in white. The sea's nap hollows out a long inky scar on the horizon's cheek where sailboats etch large, quiet roads and plant their birdseller's love of a very naked whiteness.

Superfluous gardens grow farther up toward the open ocean, smelling of mint, forget-me-nots and impatiens. A rumor of lilacs tumbles toward the sea when, on the painted wooden balconies, the sailors' heart splashes.

It's a summer Sunday in the sea's waiting room. The drawn drapes yawn a bit. The light blinks. Its clear water flows and shivers on the furniture's polished wood and on the paper. A weak squadron is about to depart. And a poem's slow reeling. A desire awakens or falls asleep. Doors to the open sea open slightly then close. The dreamer has dipped his finger in the blue. Henceforth, his body is of sand.

Convalescence du bleu après l'averse...

Le ciel se recolore. Les arbres s'égouttent et le pavé boit. La ville aussi essaie des phrases. Rires mouillés et pluie de pieds nus. On dirait que le paysage est tout aspergé de croyance.

On voudrait jardiner ce bleu, puis le recueillir avec des gestes lents dans un tablier de toile ou une corbeille d'osier. Disposer le ciel en bouquets, égrener ses parfums, tenir quelques heures la beauté contre soi et se réconcilier.

On voudrait, on regarde, on sait qu'on ne peut en faire plus et qu'il suffit de rester là, debout dans la lumière, dépourvu de gestes et de mots, avec ce désir un peu bête dont le paysage n'a que faire, mais dont on croit savoir qu'il ne s'enfièvre pas pour rien, puisque l'amour est notre tâche, notre devoir, quand bien même serait-il aussi frêle que ces gouttes d'eau d'après l'averse tombant dans l'herbe du jardin.

Blue's recovery after the downpour...

The sky regains its color. The trees drip and the pavement drinks. The city, too, tries out sentences. Damp laughter and barefoot rain. It seems the landscape is all sprinkled with belief.

You would like to grow a garden of this blue, then pick it and slowly place it into a canvas apron or a wicker basket. Arrange the sky in bouquets, reap its perfumes, hold beauty against yourself for a few hours and be reconciled.

You would like to, you look, you know that nothing more can be done and that it is enough to remain there, standing in the light, stripped of gestures and words, with a somewhat foolish desire, of no interest to the landscape, but you're sure that it's not fired up for nothing, since love is our mission, our duty, even if it were as frail as these after-the-downpour drops of water falling on the grass in the yard.

« Il y eut cette année-là de curieux nuages. »

Les lointains s'en allaient en neiges, en brouillards, en fumées, en feux imprévus de bois mort. L'on voyait flotter très tard au-dessus des prés des rubans de brume qui s'emmêlaient dans les arbres et s'accrochaient aux cornes des bœufs.

Des neiges phosphorescentes tombaient parfois...

Ceux qui depuis longtemps ne croyaient plus se surprenaient alors à penser aux dieux dont il leur semblait que les pas piétinaient de nouveau le ciel. Les soirées collaient au visage ; elles prenaient des clartés de matin du monde. C'était après l'averse, sous un ciel glacé rose et gris qui désespérait de sa couleur. A ce moment, chacun eût aimé se pencher sur l'épaule nue d'une femme afin d'y vérifier l'heure prochaine de sa mort.

"There were some unusual clouds that year."

The distances pulled back in snows, fogs, smoke, unexpected fires of dead wood. Very late, floating over the fields, you could see ribbons of smoke entangled in the trees and caught on the cows' horns.

Sometimes, phosphorescent snows would fall...

Those who hadn't believed for some time were surprised to find themselves thinking of the gods whose steps seemed to track across the sky once again. The evenings would cling to your face; they would take on the brightness of the world's morning. It was after the storm, under a frozen pink and gray sky that despaired of its color. At that moment, each one would have liked to lean over the naked shoulder of a woman in order to verify the approaching hour of his death.

« La substance du ciel est d'une tendresse étrange. »

L'azur, certains soirs, a des soins de vieil or. Le paysage est une icône.
Il semble qu'au soleil couchant le ciel qui se craquelle se reprenne un
instant à croire à son bleu. Un jour inespéré se lève tandis que sur la mer
la nuit prend ses appuis.

Le mystère se déplace d'un coin de l'horizon à l'autre.

On ne saurait décrire la matière de ce moment ni sa couleur ; ce serait
comme une conversation murmurée de la lumière avec l'obscurité, un
geste, une bonne intention : l'inconnu prendrait soin de tout, et chacun
saurait que sur cette terre il est à sa place, qu'elle est faite pour lui, que
le malheur même n'y est qu'une erreur, un oubli bientôt réparé, ou
l'état mal dégrossi du bonheur qui se dessine et dont le ciel du soir ne
déliera pas la promesse.

"The sky's substance is strangely tender."

The azure sky, on certain nights, has traces of ancient gold. The landscape is an icon. It seems that as the sun sets, the crackling sky attempts for a moment to believe in its blue. An unexpected day begins, while over the sea night gathers its forces.

The mystery moves from one corner of the horizon to the other.

It would not be possible to describe what makes up this moment or its color; it would be like a murmured conversation between light and darkness, a gesture, a good intention: the unknown would take care of everything, and each one would know he is in his place on this earth, that it is made for him, that even unhappiness is nothing but an error, an omission that will soon be remedied, or the raw state of happiness taking shape, whose promise the evening sky will not forget.

Les femmes aux yeux noirs ont le regard bleu.

Bleue est la couleur du regard, du dedans de l'âme et de la pensée, de l'attente, de la rêverie et du sommeil.

Il nous plaît de confondre toutes les couleurs en une. Avec le vent, la mer, la neige, le rose très doux des peaux, le rouge à lèvres des rires, les cernes blancs de l'insomnie autour du vert des yeux, et les dorures fanées des feuilles qui s'écaillent, nous fabriquons du bleu.

Nous rêvons d'une terre bleue, d'une terre de couleur ronde, neuve comme au premier jour, et courbe ainsi qu'un corps de femme.

Nous nous accoutumons à n'y point voir clair dans l'infini, et patientons longtemps au bord de l'invisible. Nous convertissons en musique les discordances de notre vie. Ce bleu qui nous enduit le cœur nous délivre de notre condition claudicante. Aux heures de chagrin, nous le répandons comme un baume sur notre finitude. C'est pourquoi nous aimons le son du violoncelle et les soirées d'été : ce qui nous berce et nous endort. Le jour venu, l'illusion de l'amour nous fermera les yeux.

Dark-eyed women have a blue gaze.

Blue is the color of looking, of the inside of the soul and of thought, of waiting, dreaming and sleep.

We enjoy blending all the colors into one. From the wind, the sea, the snow, the very soft pink of skin, the red of laughing lips, insomnia's white rings around the green of the eyes, and the flaking, faded gilding of leaves, we manufacture blue.

We dream of a blue land, a round-colored land, new as the first day, and curved as a woman's body.

We become accustomed to not seeing infinity clearly, and wait on the edge of the invisible. We convert the discordance of our life into music. This blue that envelops our heart delivers us from our lameness. In times of sorrow, we spread it like salve on our finitude. This is why we love the sound of the cello and summer evenings: what rocks us and puts us to sleep. When the day comes, the illusion of love will close our eyes.

Ne croyez pas que tout ce bleu soit sans douleur.

La mer n'est pas une image naïve épinglée dans la chambre au-dessus du lit parmi les peluches et les bijoux d'un sou.

Lorsque le cœur ne nous bat plus, nous guettons le grand large dans les flaques de la rue afin d'y laper notre misère et d'offrir à notre désir un semblant de ciel. Parfois, nous regardons intensément les yeux de nos semblables, espérant y trouver la mer et y sombrer brièvement.

Nous frottons notre peau dans la chambre contre la peau d'autrui, en quête d'une électricité bleue et de son bel arc de foudre.

Nous échangeons de loin en loin avec nos semblables des signaux de fumée. Les bras ballants, nous demeurons seuls sur la piste et mâchons sa poussière mouillée de larmes invisibles. Nous sommes ici pour peu de temps : quelques mots, quelque phrases, si peu sous les étoiles, rien que *cela*, parmi tout le reste. Du bleu dans la bouche, jusqu'à la dernière heure. Voix blanche, voix tachée, conjurant la mort, épousant le mourir, écoutant sans effroi craquer les os du ciel et de la mer.

Do not think all this blue is without pain.

The sea is not a naïve image pinned on the wall over the bed among the stuffed animals and dime store jewelry.

When our heart is no longer beating, we watch for the open sea in the puddles on the street where we can lap up our misery and offer our desire a semblance of sky. Sometimes, we look intensely into the eyes of our brethren, hoping to find the sea and sink into it briefly.

We rub our skin against someone else's in the bedroom, searching for blue electricity and its beautiful lightning bolt.

From time to time, we exchange smoke signals with our brethren. Arms dangling, we stand alone on the dance floor and chew dust wet with invisible tears. We are here for a short time: a few words, a few phrases, so little beneath the stars, nothing but *this*, amid all the rest. Blue in your mouth, until the very last hour. Toneless voice, spotty voice, warding off death, embracing dying, listening without fear to the cracking of the bones of the sky and the sea.

Journaux du soir

Evening Papers

En été, le soir, sous les parasols rouges de la terrasse, comme sur le pont d'un grand navire, loin dans les tiédeurs de la mer.

Le soleil dans les yeux se couche, au pied du clocher flambant neuf. Les verres tintent et pétillent. Les voix racontent. Le temps s'attarde. Rien à craindre. Le malheur est loin. On oublie de mourir. On songe à des épaules. Chemisiers et rubans de couleur. Lunettes noires et cigarettes blondes. Contre-jour : la chair est tendre sous le tissu. Le cœur fait des bonds dans l'alcool et les rires. Ce bonheur pourtant est étrange. Trop douce est la musique, trop sucrée. Une poudre d'os sur les cheveux. Tant de bleu. Tant de bière. Tant de couronnes et de corolles. Pour ceux-là qui parlent d'amour, en été, les beaux soirs, sous les parasols rouges, au pied du clocher neuf, un peu avant huit heures, jusqu'à la nuit tombée.

In summer, in the evening, beneath the terrace's red umbrellas, as on the bridge of a great ship, far off in the warmth of the sea.

The sun sets in your eyes at the foot of the bright new steeple. Glasses clink and sparkle. Voices tell. The hour grows late. Nothing to fear. Unhappiness is far off. You forget to die. You dream of shoulders. Blouses and colored ribbons. Dark glasses and lit cigarettes. Back lit: the flesh is tender beneath the fabric. The heart leaps in alcohol and laughter. This happiness is somehow strange. Too sweet is the music, too sugary. A bony powder on the hair. So much blue. So much beer. So many crowns and corollas. For those who speak of love, in summer, on lovely evenings, beneath the red umbrellas, at the foot of the new steeple, just before eight o'clock, until night falls.

Ils se déplacent. Ils songent à se placer.

Les cieux dont ils transportent l'espérance règlent leurs conduites : demain vaut bien ces gestes de brute, ces sueurs, ces attentes blêmes. La vie qui vient sera plus belle que celle qui a passé. D'un souci, d'un amour, d'une giclée de désir à une autre, ils se bousculent et larmoient, croyant atteindre bientôt le ciel, aller s'asseoir très haut parmi les muses, causer enfin avec les anges et tenir dans leurs bras *celle de toujours toute* dont le rire est aussi clair que le regard. Promptement, ils s'habillent, se dévêtent, et se rhabillent encore devant leurs miroirs. Cela, semble-t-il, les occupe. Et les mots qu'ils prononcent n'ont d'autre objet qu'une phrase lointaine qui restera collée sur leurs lèvres à l'heure désormais proche de leur disparition. Combien de fois déjà ont-ils cru toucher au port ? Il est des visages dont la courbure donne à espérer l'impossible, des reins où s'incurve la nuit, des pas que tard l'on voudrait suivre jusqu'au ciel de lit d'une chambre odorante dont les volets de bois ouvrent sur la mer. Il faut aller : c'est vivre. Et cela ressemble à se perdre. Les dieux que nous avons en tête ne meurent pas : nous ne serons jamais délivrés de l'amour.

They move about. They ponder where to stand.

The skies, whose hope they carry, adjust their steering: tomorrow is certainly worth these brutish acts, this perspiration, this pallid waiting. The life to come will be more beautiful than the life gone by. From one worry, one love, one spurt of desire to another, they jostle one another and whimper believing they will soon reach sky, sit high among the muses, chat with the angels and hold in their arms *she who is always all things*, whose laughter is as clear as her gaze. Swiftly, they dress, undress, and get dressed again before their mirrors. This seems to keep them occupied. And the words they utter have no other purpose than a far-off phrase that will remain on their lips at the now near hour of their demise. How many times already have they believed they had reached the port? There are some faces whose curvature inspires hope in the impossible, some waists into which the night curves, some footsteps you would like to follow—late—to the heavenly bed of a perfumed room whose wooden shutters open onto the sea. Going forward: this is what living is. And it's like getting lost. The gods in our head never die: we will never be free of love.

Vivants, ils vont les mains devant.

Ils essaient de palper la forme de leur vie. Ils racontent tout haut leurs soucis, expliquent leur misère, découpent des images, inventent des histoires, chantent à tue-tête et se trémoussent sur des musiques. Ils fouillent parfois dans leur mémoire pour y chercher un mot qui se puisse murmurer à l'oreille d'un femme dans la nuit, ou pour soi seul, un mot qui sonnerait juste, qui permettrait de se quitter, de se rejoindre... En vérité, ils ne savent pas, mais disent qu'on les attend là-bas, de l'autre côté de l'horizon, avec des paniers de fruits rouges et des bouquets de fleurs. Ce soir ils dormiront au large, rassasiés d'écume et de bleu. Ils s'éveilleront demain dans un corps neuf. Ils auront tout le temps qu'il faut, tout le loisir d'apprendre des gestes inconnus, et des passions violentes à ne savoir qu'en faire. Cette espérance les tient en vie. Ils s'y réchauffent et s'y endorment. Ils soufflent sur sa braise quand l'hiver leur glace les épaules. Ils s'efforcent d'y croire... Mais le tic-tac de leur cœur ralentit d'heure en heure. Bientôt on ne l'entendra plus. La nuit a l'âge de leurs pensées.

Alive, they proceed hands first.

They try to feel the shape of their life. They talk out loud of their worries, explain their misery, cut out pictures, make up stories, sing at the top of their lungs and wiggle to music. They sometimes search through their memory to find a word to whisper in a woman's ear at night, or for themselves, just a name without too many syllables, clear and naked in the mouth, a word that would sound right, that would enable them to separate, to meet again... To tell the truth, they don't know, but they say that someone is expecting them over there, on the other side of the horizon, with baskets of red fruit and bouquets of flowers. Tonight they will sleep on the open sea, filled up on foam and blue. They will wake tomorrow in a new body. They will have all the time they need, free time to learn unknown gestures, and so many violent passions they won't know what to do. This hope keeps them alive. They bask in its warmth, fall asleep. They blow on its embers when winter freezes their shoulders. They force themselves to believe... But the ticking of their heart slows down with each hour. Soon it will be heard no more. The night is as old as their thoughts.

La mer est un livre d'images.

Celui qui le feuillette affectionne ses dessins naïfs. Il pose ses doigts sur
la couleur et il épelle comme un enfant des mots dont le sens lui échappe.
Il dit ainsi le bleu qu'il garde en tête. Le cœur lui tourne un peu :
ballotté d'une idée de ciel à une autre, il cogne de travers et passe de
main en main. Il roule, il coule, ou flotte entre deux eaux, avec sa
cargaison de sang et de mélancolie. En s'approchant un peu, on y verrait
passer des sortes de navires, de narcelles, ou de goélands ; on verrait
filer des îles et des lueurs, et circuler la foule des aventuriers de tout
poil, avec leurs paquetages et leurs galoches, et se lever des îles du beau
milieu des flots... Dieu sait sur quel roc on le retrouvera, frissonnant
dans ses haillons, échoué comme un paquet d'algues, calciné, noir et
sec, lavé de ce qui lui restait d'amour.

The sea is a picture book.

The man leafing through it is fond of its naïve drawings. He places his fingers on the color and like a child spells out words whose sense escapes him. This way, he speaks the blue that he keeps in his head. His stomach turns a bit: bounced from one idea of the sky to another, he knocks about and passes from hand to hand. He rolls, he flows, or floats between two waters with his cargo of blood and melancholy. Drawing nearer, you could see ships of some sort, hot air balloons, or seagulls pass by; you could see islands and shimmers fly past, the crowd of adventurers of every feather in movement, with their packs and galoshes, and islands rising up from the very center of the waves... God knows what rock he'll be found on, shivering in his tatters, beached like a clump of algae, charred, black and dry, cleansed of what love he had left.

Ils regardent le bleu, mais ne sauront jamais le dire.

Le monde est un vaste pays inconnu que l'on contemple depuis les terrasses. On choisit les chambres avec vue, celles qui *donnent* sur la mer, même si l'on sait que la mer ne se donne pas. On l'entend crier derrière les volets : elle est la gorge de la nuit, la voix de ce qui ne parle pas, la récitation muette des lointains, la causerie assourdie du silence, une belle alliance de mots posée comme un emplâtre sur le vide de la langue... Elle ne dit rien, n'explique rien, ne délivre pas de leçon. Et pourtant, il convient d'y prêter l'oreille. Ecouter ce bruit vide n'est que vivre et se tenir en soi : habiter sa propre pâleur, avec ce curieux désir de couleurs qui démange, qui agace, ce goût de sucre que laissent dans la bouche certains mots. L'infini nous colle aux paupières et nous fait un visage enfariné de clown.

They look at the blue, but will never know how to say it.

The world is a vast unknown country, contemplated from terraces. We choose rooms with a view, that *give* a view of the sea, even when we know the sea does not give itself up. We can hear its shouts beyond the shutters: it is the night's throat, the voice of that which doesn't speak, the mute recitation of distances, the muffled chatting of silence, a beautiful blend of words placed like plaster on the tongue's emptiness... It says nothing, explains nothing, teaches no lesson. And still it is a good idea to lend an ear. Listening to this empty noise is nothing but living, staying within ourselves: inhabiting our own pallor, with this odd desire for colors that gnaw at us, irritate us, this taste for sugar left in our mouth by certain words. Infinity sticks to our eyelids and powders our face like a clown's.

On les voit parfois sous les lampadaires.

Ils se tiennent l'un à l'autre longuement accrochés, suspendus dans une espèce de songe, flottant sur une flaque d'eau bleue, immobiles, un peu ivres et stupides, se trouvant seuls au monde, ne sachant où poser les yeux quand ils cessent de se regarder. Ils dérivent sur les grands fonds de l'amour, entourés d'ombres glauques, oublieux de tout et d'eux-mêmes, le cœur suintant sous la chemise son jus tiède et sucré, noyés dans tout ce bleu, immense et ridicule entre leurs doigts noués.

Quand le train va partir, ils font vers ceux qui restent sur le quai de petits gestes derrière les vitres, et les regardent avec amour, les yeux gonflés de phrases, en murmurant des « enrevoir ».

They are sometimes seen beneath lampposts.

They hold on to one another, hanging on for long stretches, suspended in a sort of dream, floating on a puddle of blue water, immobile, slightly dumb and drunken, feeling alone in the world, not knowing where to rest their eyes when they stop looking at one another. They wander in great depths of love, surrounded by dull blue-green shadows, forgetful of everything and themselves, beneath their shirt, their heart oozes its sweet, warm juice, they're drowning in all this blue, immense and foolish beneath their clasped fingers.

When the train is about to leave, from behind the glass, they make signals to the ones who remain standing on the platform, look at them lovingly, eyes swollen with sentences, while murmuring good-byes.

Il prend le large, dit-on de celui qui s'embarque...

Il s'ébroue, desserre les étreintes et dénoue les doigts qui se crispent. Ses gestes sont rudes : il y va de sa vie. Sur le port, il marche comme un somnambule au pied des grues et des étraves. Déjà ses yeux fixent d'autres cieux : hagards, transis de bleu, ils soulèvent les toitures de la mer. Son cœur de bête traquée s'affole quand ronfle la sirène d'un cargo en partance. Son âme naïve déborde de fables, de couleurs vives, de noms intraduisibles, de cris et de rumeurs barbares.

Il fait commerce avec nulle part. Obtus et taciturne, son amour manque de mots. Il dérive entre les paquets de cordages. Il se cogne comme un ivrogne contre le large de vin bleu.

He's heading out to sea is what they say of someone embarking on a journey...

He shakes himself, loosens grips, and undoes clenched fingers. His gestures are unpolished: his life depends on it. In port, he is like a sleepwalker at the foot of cranes and bows. His eyes are already on other skies: haggard, pierced by blue, they raise the roof of the sea. His heart panics like a hunted beast's when a cargo ship's siren roars out its departure. His simple soul is overflowing with fables, bright colors, untranslatable names, barbarian shouts and rumbling.

He trades with no place. Obtuse and taciturn, his love lacks words. He wanders among the packs of cording. He stumbles like a drunk against the vastness of blue wine.

Ils sortent de leurs îles pour aller sur la mer.

Ce sont des robinsons malades : il leur faut piétiner le bleu. Des plages n'y suffisent pas, ni de longues stations dans les ports, accoudés au parapet de pierre, ni leurs collections d'images peintes, leurs croix de fer forgé, leurs idoles de plastique ou de bois peint, leurs carnavals et leurs cortèges commémoratifs. Il leur faut encore des mots insolvables et des figures de rhétorique, des phrases où la pensée flotte dans des habits trop grands, des fleurs en bouquets ou en pots, des symboles, des rites et des systèmes, toutes sortes de machines fabriquant des éclairs et de la fumée, de grandioses mises en scène de Naissances et d'Apocalypses. Prêter à leur âme des contours, la mettre en boîte, et s'enfermer avec elle dans ce sépulcre, le dos tourné au bleu du ciel.

They leave their islands to go to sea.

These are sickly Robinson Crusoes; they need to trample the blue. Beaches are not enough, nor large resorts in the ports, leaning on the stone parapet, nor their collections of painted pictures, their wrought-iron crosses, their plastic or painted wooden idols, their carnivals and commemorative processions. They still need insolvent words and figures of speech, sentences where thought floats in overly large clothes, flowers in bouquets or pots, symbols, rites and systems, all sorts of machines that produce lightning flashes and smoke, grandiose representations of Births and Apocalypses. Lending shape to their soul, boxing it up, closing themselves up with it in this tomb, their back turned toward the blue of the sky.

Il prend la plume ou le pinceau.

Il ne dessine le visage de personne, il invente les anges qui dorment au-dessous. De ses semblables, il mélange les traits, pour qu'on ne puisse les reconnaître et qu'ils se sentent ainsi moins seuls, moins prisonniers de leur figure et de leur corps périssable. Il trempe un peu leurs yeux dans le gris-bleu de la mer, car la mer n'a guère de visage, et le dedans de l'homme comme elle est pâle et bleu, avec ses dieux, ses idées folles et ses marées. S'il ne donne pas de nom à ces pantins de sucre qui s'en vont fondre au large, c'est pourtant toujours le même homme qu'il appelle et qu'il imagine : celui qui attend l'autobus ou le train de banlieue, les ailes repliées sous l'imperméable, à la même heure toujours sur le même quai, prêt à s'embarquer vers le premier jour de sa propre vie.

He picks up a pen or a paintbrush.

He doesn't draw anyone's face, he invents angels sleeping down below. He mixes the traits of his brethren so they won't be recognized, so that they feel less alone, less imprisoned by their faces and perishable bodies. He dips their eyes a bit in the sea's gray-blue, because the sea hardly has a face and, like it, the inside of a man is pale and blue, with its gods, crazy ideas, and tides. If he doesn't name those sugary puppets that melt away in the open sea, it's still always the same man he calls and imagines: the one who is waiting for the bus or the train to the suburbs, wings folded in under the raincoat, always at the same time on the same platform, ready to get on board toward the first day of his own life.

Une incertaine église

An Uncertain Church

Orthodoxie du bleu.

Il va pieds nus derrière le bleu.

Il marchera longtemps vers l'horizon et sa droiture, sous l'abside fortifiée du ciel, pour le grand sacerdoce de la mer et sa liturgie d'algues sombres.

Dans les basiliques de corail, l'infini parfois plie les genoux.

C'est ici le logis incertain des dieux, leur cahute, leur cabane de vent, leur gibet de fer où suspendre la lessive de leurs robes blanches.

L'oreille collée contre le sommeil agité des cieux, la mer écoute et berce un peu le souvenir d'anciennes prières dont les paroles depuis longtemps se sont perdues, loin quelque part au large, au fond de la cervelle des anges.

Orthodoxy of blue.

He goes barefoot behind the blue.

He will walk a long while toward the horizon and its uprightness, beneath the sky's fortified apse, for the great priest of the sea and his liturgy of dark algae.

In the coral basilica, infinity sometimes bends its knees.

This place is the uncertain abode of the gods, their hovel, their hut of wind, their iron pillory where their washed white robes are hung.

With one ear pressed against the skies' fitful sleep, the sea listens and lightly rocks the memory of ancient prayers whose words were lost long ago somewhere far off at sea in the depths of angels' brains.

Depuis des siècles, elle cogne.

Avec une force de brute ou de bête, elle cogne à même le ciel.

Elle a pris goût aux confins. De tous côtés, elle appelle. Elle crie partout le nom des dieux.

Jamais on ne vit tant de faste dépensé pour autant d'absence. Ni de visages si oppressés, de cœurs si lourds, tant d'impotence.

Elle ne sait d'autre langue que de déploration ou de célébration. D'autres gestes que tragiques et cérémonieux.

Quand les dieux toussent, elle change le ciel de place, nettoie la chambre, secoue les tapis, déménage les meubles, vide les tiroirs et brûle des paquets de lettres.

Elle attend, elle est là. Fidèle et proche, profonde et bleue. Prête semble-t-il à se donner toute. Il suffit de partir. Il n'y a rien à dire de plus. Les portes sont ouvertes. A chacun d'y entrer. De s'y perdre, d'y croire ou de s'en défier. D'y plier ou non les genoux. De s'y laver ou non les mains. L'infini est une affaire d'homme.

For centuries, she's been beating.

With brute or animal force, she beats right against the sky.

She has developed a taste for boundaries. On all sides, she calls out. Everywhere, she shouts out the name of the gods.

Never has such splendor been spent on such absence. Nor such oppressed faces, such heavy hearts, so much impotence.

She knows no other language than lamentation or celebration. No other gestures than tragic and ceremonious.

When the gods cough, she puts the sky elsewhere, cleans the room, shakes out the rugs, moves the furniture, empties the drawers and burns bundles of letters.

She waits, she's here. Faithful and close, deep and blue. Ready, it seems, to give herself entirely. All that's left is to leave. There is nothing more to say. The doors are open. For anyone to come in. To become lost, to believe, or to distrust. To kneel or not. To wash their hands or not. Infinity is man's business.

La mer est la vacance des dieux.

Nous y respirons leur haleine et buvons d'un trait leur pensée.

Nous sommes une parcelle oisive de leur sang, une miette de pain béni tombée de leur repas.

Pourtant nous n'y croyons pas, ou guère, distraitement, comme à ce mauvais rêve que nous sommes et dont il faudra que chacun se réveille un jour.

Sans cesse, notre désir fraye avec le ciel, avec la mer. Auprès de l'horizon, il s'empresse, il se fait valoir.

Il génère la tribu des dieux et des anges de toutes espèces, plante sur la rive de hautes croix, chante sous les voûtes peintes des églises, et s'agenouille sur le bois ciré.

Mais ses mains se creusent. Ses épaules tombent. De jour en jour, le large s'éloigne. Les angelots de plâtre s'écaillent au-dessus du bénitier. La mer stagne comme une mare derrière les vitraux. On n'entend plus gronder de tempête, les bêtes sont rentrées à l'étable. Il reste un carré de bleuets près de la porte du cimetière.

The sea is the gods' vacancy.

There, we inhale their breath and drink their thoughts in one gulp.

We are idle parcels of their blood, a crumb of blessed bread fallen from their meal.

But still, we don't believe, or only barely so, distractedly, as in this bad dream that we are and we must each awaken from one day.

Ceaselessly, our desire struggles with the skies, with the sea. Near the horizon, it hurries, it boasts.

It generates the tribe of gods and all kinds of angels, plants high crosses on the bank, sings beneath the painted arches in the churches, kneels on the polished wood.

But its hands become hollow. Its shoulders droop. With each passing day, the open sea gets farther away. The little plaster angels over the holy water font are chipped. The sea stagnates like a swamp behind the stained-glass windows. No howling storm is heard, the animals have returned to the stable. There's still a blue patch of cornflowers near the cemetery gate.

Parfois, ce n'est qu'un léger bruit de fourchettes sur la faïence.

Le dieu dans la lumière prend son repas : quelques fleurs, quelques feuilles, quelques volutes, avec un oisillon peut-être, ou d'autres sujets très naïfs. Comme s'il fallait aussi donner le cœur à consommer, et l'amour, le paysage et la mémoire des choses, sur le rebord d'une assiette de porcelaine ou de faïence... A midi, le ciel tinte : il sent l'oeillet et le salpêtre. Pourtant, il n'est plus si bleu que naguère, mité d'ombres mélancoliques. Des coulures de bougies ont brûlé l'habit des statues. Depuis qu'on a coupé la tête des images de plâtre, le dieu est triste, comme si les hommes n'y croyaient plus. D'ailleurs, on ne les voit plus guère. Ils travaillent ou se distraient, ils ont d'autres préoccupations. Seules de vieilles femmes s'attardent un peu, à qui la mort parle à l'oreille comme à d'anciennes connaissances.

Sometimes, it's only the light sound of forks against earthenware.

The god in the light takes his meal: some flowers, some leaves, some wreaths, with perhaps a fledgling, or other very naïve subjects. As if you also had to give your heart to be consumed, and love, the landscape and the memory of things, on the edge of a porcelain or earthenware plate. At noon, the sky jingles: it smells of carnations and saltpeter. However, it is not as blue as it once was, moth-eaten by melancholy shadows. The candle drippings have burned the statues' clothes. Since the plaster images were beheaded, the god has been sad, as if men no longer believed. Besides, they are hardly ever seen any more. They work or have some fun, they have other concerns. Death whispers only in the ear of old women who linger a bit, as if they were old acquaintances.

Il ne resta bientôt de la croyance que le souvenir de sa couleur.

Non pas l'éclat des bois polychromes, des enluminures, des ciboires ou des habits d'Eglise, mais une teinture timide et peu visible, à peine distincte de la pâleur des hommes qui se souvenaient mal. Ce n'était à vrai dire dans leur tête qu'une flaque légère qui s'évaporait lentement. De temps à autre, encore, ils y venaient boire, aux heures de chagrin ou de souci. Parfois, ils en parlaient entre eux à voix basse, mais ces conversations gênées ne duraient guère. D'autres fois, une envie les prenait d'entrer dans une église, mais ils n'y trouvaient pas ce qu'ils cherchaient : une sorte de tiédeur, un corps de femme sans âge, un verger de fruits mûrs, de l'enfance sans doute, et de la ferveur. Alors, ils retournaient à leurs affaires et continuaient de feuilleter distraitement les pages blanches de leur vie.

Soon there was nothing left of belief but the memory of its color.

Not the spark of polychromatic wood, illuminations, ciboria or church vestments, but a shy and barely visible hue, nearly indistinguishable from the pallor of men who didn't remember well. To tell the truth, in their minds, it was only a slight puddle slowly evaporating. From time to time, still, they would drink from it, in times of pain or worry. Occasionally, they would speak of it among themselves in low voices, but these strained conversations were brief. At other times, they felt the desire to enter a church, but they didn't find what they were looking for: a kind of warmth, the body of an ageless woman, an orchard of ripe fruit, childhood undoubtedly, and fervor. So they went about their business and continued leafing distractedly through the white pages of their life.

Il ne subsiste qu'un geste nul qui ressemble à la prière.

Ni le corps ni le bras ne bouge, ou à peine. Seul tremble un peu le bout des doigts, comme lorsqu'il approche d'un visage aimé. Encore ne touche-t-il rien, surtout pas un corps, ni chair ni chaleur, mais la mort en chemin, son impondérable cortège : travail d'araignée sur la neige.

Puisque les mains de l'homme sont vides, il lui faut les joindre, pour mieux sentir ce vide : qu'elles lui prêtent leur contour. On offre au silence un lieu où se loger, un endroit du corps où attendre, une précaire chapelle de sang et de chair. Et l'on espère à son contact, on prend patience. La langue aussi est une église.

Quand l'heure n'est plus à la croyance il en faut aimer les murs vides et les travées désertes. Que le dieu ne soit pas à prendre : juste une absence à observer. Le monde se donne en nous le temps de finir. Et sur la page encore il voudrait bien renaître. Il garde un semblant d'avenir : de légers éboulis de ciel, quelques débris de bleu. Le temps d'attendre et de passer.

Nothing remains but an empty gesture resembling prayer.

Neither the body nor the arm moves, or barely so. Only the fingertips tremble a bit, as they do when approaching a beloved face. Still, they touch nothing, especially not a body, neither flesh nor warmth, rather death on its way, its imponderable procession: a spider's work on the snow.

Since man's hands are empty, he must join them together, to better sense the void: so that they lend it their shape. Silence is offered a place to stay, a part of the body to wait in, a precarious flesh and blood chapel. And you wish for its contact, you are patient. Language too is a church.

When it is no longer time to believe, you must love its empty walls and deserted rows of seats. Let the god not be for the taking: just an absence to be observed. In us, the world gives itself time to finish. And still on the page, it would like to be reborn. It keeps a semblance of future: a light tumbling from the sky, some debris of blue. Time to wait and to spend.

Les mots parfois se précipitent.

La page bleuit, s'étale, se déplie, s'allonge, bientôt plus vaste que la mer. Elle se lève et forcit. Elle prend vers le ciel son essor. On voudrait croire alors qu'elle n'est plus ce vain chemin d'encre qui se hasarde vers nulle part, mais le cœur retrouvé de l'amour.

Parfois, il arrive encore que la mer fasse sonner les trompes de la langue. Elle enfle sa voix sous les falaises et pince des cordes tendues sur des carapaces de tortues pour chanter les exploits des héros morts aux gestes de marbre dont on entend sonner le rire et cliqueter les armes de fer, très tard sur le soleil couchant.

En vérité, pourtant, les mots se noient : elle est une affaire trop grande. Il faut à la parole des digues et des gués, des passerelles, des ports et des patries, toutes sortes de petites affaires rassurantes, des choses simples autant que précises à quoi penser et auxquelles se tenir, des clés, des colliers et des chiens, mettre ce bleu en boîte, tenir le large en laisse.

Sometimes words hurry.

The page turns blue, spreads out, unfolds, becomes longer, soon vaster than the sea. It rises up, becoming stronger. It soars upward toward the sky. You'd like to believe it is no longer that ink trail wandering off in vain toward nowhere, but rather love's heart found again.

Sometimes, it still happens that the sea makes the trumpets of language ring out. Its voice wells up beneath the cliffs and plucks the strings stretched out across the turtle shells in order to sing of the deeds of marble-gestured dead heroes, whose laughter rings out and whose iron weapons clang, very late on the setting sun.

Really though, words drown. It's too much. Language needs sea walls and fords, overpasses, ports and homelands, all kinds of small reassuring possessions, things as simple as they are precise to think about and hold onto, keys, necklaces and dogs, boxing up the blue, keeping the open sea on a leash.

Âme.

On ne peut le dire autrement.

Juste un mot rapide. Ouvrir très vite et refermer la bouche. Happer au vol un chiffon bleu. Pour cela dont on ne sait rien. Sinon la question sourde. La demande obstinée. L'idée que pour ce silence-là aussi il faut un mot. Pour cette attente et ce souci. Donner un contour approximatif au chagrin, plutôt qu'un nom à l'espérance. Rien à gagner non plus qu'à perdre. Juste un trou de plus dans la langue. Un courant d'air. Un souffle frêle. Celui-là même qui nous tient en vie et qui nous sera retiré après que nous lui aurons appris quelques phrases. Après que nous aurons récité tout le lexique de l'amour. Seuls bientôt avec ce mot-là. Fiévreux et bref. Orphelin de part en part. Un mot tel un couloir. On ne le murmure à personne; il n'ose pas nous venir aux lèvres. Il a peur de la langue autant que de la lumière du jour. Il n'a pas de paupières. Ses larmes ne coulent pas, mais sa douleur est précise. Elle fixe. Elle interroge et veut savoir. Elle s'use à des visages. Elle cherche à se poser.

Soul.

It can be said no other way.

Just one quick word. Opening the mouth very quickly and closing it
again. Grabbing on to a blue rag in mid-flight. For that about which
nothing is known. Except the muffled question. The obstinate answer.
The idea that this particular silence also needs a word. For this waiting
and worrying. Giving an approximate shape to pain rather than a name
to hope. Nothing more to win or lose. Only one more hole in language.
A draft. A feeble breath. The very same that keeps us alive and will be
taken from us once we've taught it a few sentences. After we recite the
entire lexicon of love. Soon entirely alone with that word. Feverish and
brief. Orphan through and through. A word like a corridor. Whispered
to no one; it dares not rise to our lips. It is as afraid of language as of the
light of day. It has no eyelids. Its tears don't flow, but its pain is precise.
It stares. It questions and wants to know. It is used up on faces. It's
looking for a place to land.

Là.

A portée de main, croirait-on.

Là, à peu de choses près. Pourtant, on ne voit rien : le cœur et la tête restent vides. On a du bleu auprès de soi, on le sent au-dedans, mais on n'en peut rien faire, rien prendre ni rien dire. On s'accommode jour après jour de cette absence. Ces étoiles blanches qui nous surveillent en clignotant, c'est là tout l'infini. On se résigne à vivre dans la doublure du temps. On n'espère plus grand-chose de neuf. Les promesses depuis si longtemps n'ont pas été tenues. L'azur est lettre morte, l'horizon est indéchiffrable. On se demande comment rester debout dans ce paquet de chair. La terre n'est pas si difficile : elle veut bien de nos os. Mais le ciel bleu dédaigne notre pâleur, nos gamineries et nos prouesses de cirque. Rien ne sert de tendre des cordes, des guirlandes ni des chaînes d'or entre les galaxies : notre vieux corps est plein de pierres, couché déjà, inerte, bleuissant peu à peu, invisible bientôt comme cet azur autour de nous qui flotte et qu'il s'en va rejoindre.

There.

Within hand's reach, it would seem.

There, or just about. Still, you can see nothing: the heart and head remain empty. You have some blue nearby, you feel it inside, but nothing can be done with it, nothing taken or said. Day after day, you get used to this absence. Those white stars twinkling, looking down at us, all infinity is there. You resign yourself to living in the lining of time. Nothing much new is expected. Promises have not been kept for such a long time. The azure sky is a dead letter; the horizon, indecipherable. You wonder how to keep standing in this package of flesh. The earth is not so picky: it will gladly take our bones. But the blue sky scorns our pallor, our childishness and our circus acrobatics. It is useless to stretch strings, garlands, or golden chains between galaxies: our old body is full of stones, already lying down, inert, turning blue little by little, soon to be invisible like this azure floating around us, which it goes off to rejoin.

Le marchand de couleurs

The Seller of Colors

Le bleu ne fait pas de bruit.

C'est une couleur timide, sans arrière pensée, présage ni projet, qui ne se jette pas brusquement sur le regard comme le jaune ou le rouge, mais qui l'attire à soi, l'apprivoise peu à peu, le laisse venir sans le presser, de sorte qu'en elle il s'enfonce et se noie sans se rendre compte de rien.

Le bleu est une couleur propice à la disparition.
Une couleur où mourir, une couleur qui délivre, la couleur même de l'âme après qu'elle s'est déshabillée du corps, après qu'a giclé tout le sang et que se sont vidés les viscères, les poches de toutes sortes, déménageant une fois pour toutes le mobilier de nos pensées.

Indéfiniment, le bleu s'évade.
Ce n'est pas, à vrai dire, une couleur. Plutôt une tonalité, un climat, une résonance spéciale de l'air. Un empilement de clarté, une teinte qui naît du vide ajouté au vide, aussi changeante et transparente dans la tête de l'homme que dans les cieux.

L'air que nous respirons, l'apparence de vide sur laquelle remuent nos figures, l'espace que nous traversons n'est rien d'autre que ce bleu terrestre, invisible tant il est proche et fait corps avec nous, habillant nos gestes et nos voix. Présent jusque dans la chambre, tous volets tirés et toutes lampes éteintes, insensible vêtement de notre vie.

Blue makes no noise.

It is a shy color, without ulterior motives, forewarning, or plan; it does not leap out abruptly at the eye like yellow or red, but draws it in, tames it little by little, lets it come unhurriedly, so that it sinks in and drowns, unaware.

Blue is a color that invites departure.
A color to die in, a color that frees, the very color of the soul after it has shed the body, after all the blood has gushed out, the entrails been emptied, cavities of all sorts, moving out once and for all the furniture of our thoughts.

Indefinitely, blue escapes.
To tell the truth, it is not a color. More a tonality, a climate, a special resonance of the air. An amassed clarity, a hue born of emptiness added to emptiness, as changing and transparent in man's head as in the skies.

The air we breathe, the appearance of emptiness that our fingers move across, the space we cross is nothing but this earthly blue, invisible from being so close to us, so integral to our body, clothing our gestures and voices. Present even in the bedroom, with all the shutters closed and lamps turned off, imperceptible clothing of our life.

Tout ce bleu n'est pas de même encre.

On y discerne vaguement des sortes d'appartements, avec leurs numéros, leurs familles de conditions diverses, leurs papiers peints, leurs photographies, leurs vacances dans les Alpes et leurs terrasses sur l'Atlantique, les satisfactions ordinaires et les complications de leurs vies. La condition du bleu n'est pas la même selon la place qu'il occupe dans l'échelle des êtres, des teintes et des croyances. Les plus humbles se contentent des étages inférieurs avec leurs papiers gras et leur graffitis : ils ne grimpent guère plus haut que les toits hérissés d'antennes. Les plus heureux volent parfois dans un impeccable azur et jettent sur les cités humaines ce beau regard panoramique qui distrayait autrefois les dieux. Dans l'entre-deux, quoique très près du sol, juste à hauteur du regard et des lèvres de l'homme, piqués comme des balises sur la ligne de l'horizon, brillent les yeux de la femme, d'un bleu exact et clair. Ce bleu n'est guère qu'un signe peint, une minuscule araignée d'encre. Mais elle transporte ainsi le ciel sur son visage. Une miette d'infini tremble sous ses paupières. Un peu de jour est tombé là; un reste de pensée s'attarde, ou de croyance, à la place même de l'âme qui n'est qu'une tache de lumière dans l'obscurité de la tête.

All this blue is not the same ink.

You can vaquely make out different kinds of apartments, with their numbers, their families of varying status, their wallpaper, their photos, their vacations in the Alps and their terraces on the Atlantic, the ordinary satisfactions and complications of their lives. Blue's status is not the same depending on its place on the scale of beings, hues and beliefs. The most humble are happy on the lower floors with their litter and graffiti: they don't often climb any higher than the roofs bristling with antennas. The happiest sometimes fly through an impeccable azure and cast upon the human cities this beautiful panoramic gaze that distracted the gods in bygone days. Between the two, despite being very near the ground, just at the height of man's gaze and lips, planted like buoys along the line of the horizon, the woman's eyes shine with a clear and exact blue. This blue is nothing but a painted sign, a minute spider made of ink. But this is how she carries the sky on her face. A crumb of infinity trembles below her eyelids. A bit of day has fallen there; a remnant of thought, or of belief, lingers in the very place in the soul that is nothing but a spot of light in the darkness of the head.

On ne sait pas. On ne comprend pas.

Cela n'est jamais dans la tête qu'une rumeur, une musique, une inexplicable inflexion de la lumière, le souvenir du bavardage ancien des morts, la poussière de leurs voix, ou le chant encore inaudible de ceux qui viendront après nous. Grise est la demeure du présent. Son cœur pourrit de paille humide. Ses mains se désagrègent, de cendres refroidies. A ce peu qu'il nous reste manquent des envols. La beauté perd son vieux plumage. Les soirs d'automne s'en vont en pluies. Blottis les uns contre les autres, nous restons silencieux, immobiles auprès de l'horloge, dans la cuisine au carrelage blanc, à considérer vaguement la fenêtre sans rien y comprendre. Au dedans, nous sommes nus, déjà froids peut-être, bleus de l'intérieur par le souci et le chagrin. Le désir en nous n'est plus qu'une tache blanche, sans fable ni pensée, une page que l'on tarde à tourner, comme on laisserait tomber d'un coup son propre corps à ses pieds, comme on se résignerait à ne plus être que le souvenir de l'homme que l'on fut. A peine trouverait-on la force de survivre ainsi quelque temps, à deux pas de soi-même, veillant encore sur sa dépouille, dépositaire et survivant de sa mort, sûr cette fois qu'il fallait en passer par là.

We don't know. We don't understand.

This is never anything more in our head than a rumbling, a tune, an inexplicable inflection of light, the memory of the dead's ancient chatting, the dust of their voices, or the still inaudible song of those who will come after us. Gray is the home of the present. Its heart rots with wet straw. Its hands disintegrate, cold ashes. The little that remains to us has trouble taking flight. Beauty loses its old plumage. Autumn evenings disappear in rain. Huddled up against one another, we remain silent, immobile near the clock, in the white-tiled kitchen, vaguely contemplating the window, uncomprehendingly. Inside, we are naked, maybe already cold, turned blue within from worry and pain. The desire in us is now nothing more than a white stain, with no tale or thought, a page we linger over before turning, just as we would suddenly let our own body fall at our feet, as we would resign ourselves to being nothing more than the memory of the men we were. We would barely find the strength to survive any length of time this way, two steps removed from ourselves, still watching over our remains, depository and survivor of our own death, certain this time that we had to go through it.

Le bleu croît et se reproduit sur les décombres de notre vie.

Il pousse dans nos ruines et nos plâtras. Nous ne le désirerions pas avec autant de force si nous n'étions déjà certains de l'avoir perdu, si nous n'avions accumulé tant d'erreurs et de défaites, si nous n'étions venus cogner, de longue date, aux portes closes du ciel et de la mer, qui toujours nous rejette, nous, nos projets, nos affaires médiocres, nos envies et nos appétits de grandeur, nos idées fausses et nos petits besoins, tout cela dans la tête en vrac, la pensée sens dessus dessous, les mains vides et le cœur déçu, éconduits que nous sommes par nos propres chimères, peut-être pour ne pas avoir su les aimer autant qu'il fallait, ballottés d'une écume à l'autre, en détresse dans le bleu, échoués bientôt sur le sable, et ne sachant plus où donner de l'amour.

Blue increases and reproduces on the debris of our life.

It grows in our ruins and rubble. We wouldn't desire it with such force if we were not already certain of having lost it, if we had not accumulated so many errors and defeats, if we hadn't been coming for so long to knock on the closed doors of the sky and sea, which always rejects us, us, our projects, our mediocre concerns, our desires and appetite for greatness, our false ideas and our small needs, all this a jumble in our head, thoughts upside down, empty hands and disappointed hearts, misled as we are by our own fancies, maybe because we did not know how to love them as much as necessary, bounced from one foam to another, in distress on the blue, soon washed up on the sand, and no longer knowing where to turn our love.

Le bleu du ciel se passe de nos services.

Voilà qu'avec des mots sonores nous prétendons le célébrer, quand en réalité nous rédigeons la mièvre apologie de notre misère. Nous réclamons de l'impossible et balançons nos phrases pour ressembler aux dieux. Mal employé, ce bleu n'est qu'un mot de trop dans la langue : une épithète naïve, une épite ou un épithème, à peine un saignement de nez, un hoquet, pas de quoi faire une histoire ! Et pourtant cela nous occupe : l'infini est plein de péripéties, nul n'en achèvera la chronique. Tout ce bleu, en nous est une lumière qui brûle, qui attend son jour, qui le chasse à cor et à cri, qui creuse, qui trace, qui détecte, corrompue, sans doute, et vite empiégée, déçue et décevante, mais nous n'en avons pas d'autre, pas de plus intime, il faut s'y plier, il n'est pas de chant pur, pas de parole qui ne rhabille de bleu notre misère.

The blue of the sky can do without our help.

So now with sonorous words we claim to celebrate it, when really we are composing the vapid apology of our wretchedness. We demand the impossible and fling about our sentences in order to resemble the gods. Misused, this blue is nothing more than one word too many in the language: a naïve appellative, plug or palliative, barely a bloody nose, a hiccup, nothing to make a fuss about! But still, it keeps us busy: infinity is full of turns of events, no one will complete its chronicle. All this blue, within us, is a burning light, waiting for its day, noisily hunting it down with the hounds, digging, tracing, discovering, corrupted, no doubt, and quickly entrapped, disappointed and disappointing, but we have no other, nothing more intimate, we must give in to it, there is no pure song, no word that does not redress in blue our wretchedness.

Comme un linge, le ciel trempe.

Il passe au bleu. Ses contours se perdent, dilués dans l'inexistence. Il ne peut que s'enfoncer indéfiniment en soi, incapable de se connaître ni de se mirer. Epuisé par sa propre ignorance, le ciel bleuit de lassitude. Sa couleur est sa manière propre de désespérer, impeccablement pur au-dessus des robes claires et des rires. De ce qui le traverse, il ne conserve pas la trace. On n'y voit point de cicatrice à l'œil nu, hormis les rubans de fumées peu à peu dispersées des usines et des aéroplanes. Il oublie. Et pourtant ce bleu est mémoire. C'est là son unique raison d'être. Il ne sait pas au juste de quoi il se souvient, ni même si cela eut jamais une forme et un nom. Mais il veille sur ce souvenir. Avec une obstination calme, il fixe un vide lointain. Il n'en a pas fini avec le premier jour.

Like a cloth, the sky soaks.

It turns blue. Its outline is lost, diluted in nonexistence. It can only plunge indefinitely into itself, incapable of knowing or looking at itself. Exhausted by its own ignorance, the sky turns blue with weariness. Its color is its own way of giving up hope, impeccably pure above light-colored dresses and laughter. Of what crosses it, it retains no trace. No scar can be seen there with the naked eye, except the ribbons of smoke scattered bit by bit from factories and aeroplanes. It forgets. And yet this blue is memory. This is its only reason for being. It doesn't exactly know what it remembers, nor if it ever had a shape and a name. But it watches over this memory. With calm stubbornness, it gazes at a distant emptiness. It's still not done with the first day.

Le bleu d'ici s'estompe quand la nuit tombe.

Il recule et se dévêt lentement. Il a fait son temps, et s'en retourne d'où il vient : dans l'obscur, dans l'opaque, dans l'étrange. Il ne faudrait pas s'y tromper, ce bleu si clair ne fut d'abord que ténèbres : un amas de poussière et de nuées. Il quitta sa condition première quand des hommes eurent commencé de souffrir sur la terre. Il se clarifia peu à peu quand ils essayèrent de comprendre l'énigme de leur chagrin. Pour eux, il convertit l'obscurité en transparence afin que s'allège leur fardeau, qu'ils s'évadent, qu'ils sachent de quel côté regarder, où s'endormir, à qui se plaindre. Il leur fit don de ce monde-ci et de son jour, leur bâtit de rêveuses demeures, leur apprit l'éloignement et la présence. Chaque soir, tâche faite, il regagne sa nuit comme on rentre chez soi.

The blue around here blurs when night falls.

It steps back and slowly undresses. It has done its time and goes back whence it came: into darkness, opacity, strangeness. Make no mistake, this blue so pale was once nothing more than shadows: a heap of dust and clouds. It left its original condition when certain men began to suffer on earth. It became lighter little by little when they tried to understand the enigma of their pain. For them, it changed the darkness into transparency so their load would be lighter, so they could escape, so they could know where to look, where to fall asleep, to whom they could complain. It made this world and its day a gift to them, built them dreamy homes, taught them remoteness and presence. Each evening, the job done, it returns to its night as we return to our homes.

Il n'est rien que l'on puisse enfermer dans un livre.

C'est pourquoi ces mots vont et viennent : cet encombrement, cette pauvreté, ce bruit insistant de la langue, le cœur en nage, l'âme en alarme, cherchant à se loger... Cela qui souffre dans sa chair mais n'a pas même un corps à soi pourra-t-il prendre forme, comme on dit prendre femme? Epars dans la lumière du jour, le bleu attend son heure. Il fait le guet, il prend son temps. Jamais il ne perdra patience, car il a tout le temps pour soi. Il mûrit sa couleur en d'interminables aurores. Il déchiffre sa propre histoire. Quelques phrases, pour le dire, suffiront bientôt, et de peu de mots, mais justes, précises comme un visage, et comme lui périssables, cachant sous la beauté le crâne et le dedans obscur. On voudrait bien montrer son âme, donner des royaumes à rêver, mais la tristesse de l'invisible est profonde où infuse le chagrin.

There is nothing that can be locked up in a book.

This is why these words come and go: this cumbersomeness, this poverty, language's insistent noise, the heart drenched, the soul distressed, searching for a place to stay... That which suffers in its flesh but does not even have a body of its own, could it take a shape, like we say take a wife? Scattered in the light of day, blue waits for its turn. It is on the lookout, it takes its time. It will never lose patience, because all time is its own. It nurtures its color in interminable sunrises. It decodes its own story. A few sentences, to describe it, will soon be enough, with few words, but exact, precise as a face, and like it perishable, hiding beneath its beauty the skull and the dark inside. You would like to show your soul, give kingdoms to dream of, but the sadness of the invisible is deep where pain is infused.

Ce bleu n'appartient à personne.

Il n'est ni le bien des hommes ni le royaume des dieux. Il circule et se répand, distribuant partout la matière mobile de son propre rêve. Le fini et l'inachevé échangent en lui leurs vertus. S'il n'est point d'âme ni de principe, au moins existe-t-il ce bleu, toujours près de s'entrouvrir dans la grisaille des jours, offert à quiconque et pour rien, telle la paume d'une main vide, et telle une promesse dont chacun doit savoir qu'elle ne sera point tenue. C'est bien ainsi : cette lumière sur notre misère, cette beauté proche de notre mort. De quoi écrire encore des livres, peindre des toiles, aimer, et composer de la musique. Pour essayer de retenir contre soi le jour. Et pour toujours plus de misère, mêlée avec plus de beauté. Aussi longtemps que nous le pourrons, nous accompagnerons du bout des doigts le temps qui passe.

This blue belongs to no one.

It is neither the property of man nor the kingdom of the gods. It circulates and expands, spreading far and wide the mobile matter of its own dream. The polished and unfinished exchange their virtues in it. If there is no soul or principle, at least blue exists, always ready to open up in the grayness of days, offered to anyone and for nothing, like the palm of an empty hand, and like a promise everyone knows will not be kept. It is good like this: this light on our misery, this beauty near our death. Enough to keep on writing books, painting canvases, loving, and composing music. To try to hold the day against yourself. And ever after more misery, mixed with more beauty. As long as we can, we will accompany the passing of time with our fingertips.

Le grand pavois

The Bright Sails

La mâture de la mer est illusoire

Nous savons bien que sur la page le large tient par des ficelles
Nous prenons goût pourtant à bricoler sa démesure
Nous allons voir l'azur au cinéma, les bougainvillées et les voiliers
        blancs
Nous aimons le masque de velours de la mer, son uniforme de gala, et
        la tromperie de ses paupières fardées de bleu
Nous aimons que la langue lui ressemble, avec ses mièvreries, ses
        stéréotypes et ses bouffissures
Nous aimons croire tenir la paume de l'horizon, et cette ivresse d'y
        boire un peu pour ne pas rendre gorge
Nous sommes des résidus de ciel, d'anciens soupirs des dieux
Nous allumons des réverbères aux marches des palais
Et nous craignons tellement de mourir que nous savons gré à la mer
        de véhiculer notre angoisse sur l'énorme carrure de son bleu

The sea's masts are illusory

We know of course that on the page the open sea is held by strings
We develop a taste for tinkering with its enormity
We go to see the azure at the movies, the bougainvillas and the white
        sailboats
We like the sea's velvet mask, its full evening dress, and the
        deception of its blue-shadowed lids
We like that language resembles it, with its sentimentality,
        stereotypes, and puffiness
We like to believe we hold the horizon's palm, and the intoxication of
        sipping from it to avoid getting sick
We are the residue of the sky, the gods' ancient sighs
We light street lamps on the palace steps
And we are so afraid of dying that we are grateful to the sea for
        conveying our anguish on the enormous breadth of its blue

Clairons, chevaux du large, embouchure de la mer !
La cavalerie défile dans sa panoplie de vermeil
Voici de l'horizon le cordon et l'étoffe
Voici le casque et le cimier, l'encolure et le poitrail blancs
La mer à l'aurore entre dans la ville sur un air de régiment
Et par-dessus l'écume, noué dans les cheveux des femmes, un grand
         pavois multicolore.

Palmes et plages des pays en fuite sur la page !
Encolures des chevaux suants, mèches d'encre
Poussière d'ongles brisés, quand la lumière oblique de la lampe fait
         jaunir le grain de papier
Travaux nacreux de la chimère, au fond de quels océans glauques
         traversés de poissons solubles ?
Dix doigts, deux yeux, et tout le souffle, le sang qui afflue, le bleu qui
         reflue au cœur
Taxis le soir vers l'impossible
Héler des oiseaux de passage.

Bugles, horses of the deep, mouth of the sea!
The cavalry parades by in its vermilion panoply
Here is the horizon's sash and fabric
Here is its helmet and crest, its neck and white breast
The sea at dawn enters the city to a regimental tune
And above the foam, knotted in the women's hair, bright sails of all
      colors.

Palms and beaches of countries fleeing across the page!
Necks of sweating horses, locks of ink
Dust of broken nails, when the lamp's oblique light turns the paper's
      grain yellow
Illusion's pearly work, at the bottom of what murky oceans traversed
      by soluble fish?
Ten fingers, two eyes, and all the breath, the blood flowing, the blue
      that flows back to the heart
Taxis at night toward the impossible
Hailing passing birds.

Avec mes tympanons, ma trompe et mes timbales
Je chanterai sur un semblant d'air lyrique
Le grand tintamarre de la mer moderne et désuète
Pleine à ras bord de vieilleries et de trésors légendaires
Accrue de performances et de péripéties nouvelles
Traversée de cargos, de brise-glaces et de méthaniers monumentaux.

Ce sera une espèce inouïe de poème
Gonflé de belles images et de bons sentiments
Mimant à la manière antique le pathos de la mer et la discorde de ses
        bruits archaïques
Pressant l'accordéon du large au poumon bleu gonflé d'œdèmes
Faisant chanter ses boursouflures au pied des phares et des balises
Médusant ses moutons, ses mollusques
Soldant le gros temps à bas prix.

With my dulcimers, my trumpet, and my timpani
I will sing to a kind of lyric tune
The great din of the modern and outdated sea
Full to the brim with old-fashioned things and legendary treasures
Amplified by new exploits and incidents
Crossed by freighters, ice-breakers and monumental tankers

It will be an unheard-of kind of poem
Swollen with beautiful images and good feelings
Imitating in the ancient way the pathos of the sea and the discord of
        its archaic noises
Squeezing the accordion of the swollen and bruised, blue-lunged
        open sea
Pulling song from its puffy vents at the feet of lighthouses and
        beacons
Astounding its swells, its sea shells
Selling off the rough weather at low prices

Ici de l'âme on bat le fer

On taille pour le songe des manteaux à sa mesure
On essaie des idées plus vastes, des philosophies plus allègres, des
  havres où loger ce qui n'existe pas
On préside aux cérémonies ahurissantes de l'imagination
On étudie le flux et le reflux périodique du cœur
On griffonne toutes sortes de phrases afin de remplir de cartes
  postales et de télégrammes la boîte à lettres sans fond de
  l'amour.

Depuis toujours, c'est ici la fabrique de l'homme et le
  commencement des pensées
La source occulte des chimères
L'immense atelier de la chair, du désir et de la croyance mal dégrossie
Le dieu aux cheveux humides rit dans les vitraux de plomb et de
  corail.

Ici l'on traite du commerce incertain des cœurs et de l'appétit des
  corps
L'on s'inquiète de l'impossible
L'on regarde le bleu dans les rétines du ciel et de la mer.

Here we strike the iron of the soul

We cut coats made to order for dreams
We try out broader ideas, more light-hearted philosophies, harbors
          to house what doesn't exist
We preside over imagination's astounding ceremonies
We study the periodic ebb and flow of the heart
We scribble down all kinds of sentences to fill love's bottomless
          mailbox with post cards and telegrams.

From the beginning of time, here is where man is made and thoughts
          begin
The source hides chimeras
The vast workshop of flesh, of desire and of unrefined belief
The damp-haired god laughs in the stained-glass windows of lead and
          coral.

Here, we deal in the uncertain commerce of hearts and the appetites
          of bodies
We worry about the impossible
We look at blue in the retinas of the sky and the sea.

L'homme qui s'y baigne est un poème d'iode et de cobalt

En tête, un bouillonnement d'images et de huées
Dans la bouche, la langue aux liens légers, aux signes peu crédibles
Ses mots rapides changent vite de ciel et d'humeur
La souffle de ce temps est court, sa carcasse est étroite
Comme un plongeur qui s'asphyxie, le poème éperdu remonte des
        profondeurs céruléennes, par bourrasques turquoise, à la
        vitesse du bleu sur la mer.

L'homme qui regarde la mer est un enfant passible d'amour
L'Atlantique est une feuille qu'il macule ou chiffonne
Du matin au soir, il y trace de longues lignes tremblantes et
        malhabiles
Il fait dans la chambre des gestes méticuleux pour s'arrimer à l'infini.

Ses bateaux de papier en ont tôt fait le tour, sans souci des
        intempéries
L'air de rien, ils dérivent, d'un îlot de paroles à l'autre
L'immensité tient toute dans un œil de fourmi.

The man swimming there is an iodine and cobalt poem

In his head, a buzzing of images and booing
In his mouth, language with its light links, its hardly credible signs
His rapid words quickly change locales and moods
The breath of this moment is short, its carcass is narrow
Like a diver running out of air, the distraught poem rises from the
       cerulean depths, through turquoise squalls, at the speed of
       blue on the sea.

The man who looks at the sea is a child on the brink of love
The Atlantic is a leaf that he spatters or crumples
From morning till night, he draws long, trembling and awkward lines
In the bedroom he makes precise gestures to fasten himself to
       infinity.

His paper boats quickly complete their trip around it, with no
       concern for bad weather
Looking innocent, they drift, from one small isle of words to another
Immensity fits entirely in the eye of an ant.

Interminable narration du large
Le bruit bleu de la langue, les heures lentes de la chambre
Ce beau lac incolore où vont boire des bêtes lunatiques
Des corps sans poids ondulent et se déplient.

Floculations de l'encre, peut-être floralies, efflorescences
L'écriture est une effeuilleuse : le bleu de ses yeux coule au petit matin
Cœur de zinc et peau de résille
Les ongles jaunis de tabac, la voix cassée, coincée sous l'épiglotte.

Elle ne sort plus que la nuit pour se vendre aux rôdeurs
Elle titube sous les lampadaires
Elle tient à la lune des propos en l'air : phrases-libelles, quand si
        belle est la libellule
Envolée sur la mer avec la fièvre et le pollen, la paille et les soupirs de
        la concupiscence
L'éphémère névroptère aux poumons gros comme une épingle,
        préparant ses mâchoires et ses ailes membraneuses,
        impatiente de métamorphose
Sur ses talons aiguille, le corps bagué de bleu.

Unending narration of the open sea
Language's blue noise, the bedroom's slow hours
This beautiful colorless lake where lunatic beasts go to drink
Weightless bodies ripple and spread out.

Inky flocculations, flower shows perhaps, efflorescences
Writing is a stripper: the blue of its eyes flows in the early morning
Heart of zinc and netted skin
Tobacco-yellowed nails, a broken voice, trapped under the epiglottis.

She only goes out at night now to sell herself to the prowlers
She staggers beneath the lampposts
She talks to the moon about nothing: defaming sentences when so
        dreamy is the damselfly
Soaring over the ocean with fever and pollen, lust's straw and sighs
The ephemeral mayfly with its lungs as big as a pin, preparing its jaws
        and its membranous wings, impatient for metamorphosis
On her stiletto heels, body ringed in blue.

Tant de lumière en larmes
On donne sans doute au large des fêtes épouvantables
Quelque dieu a pris femme ou tué ses enfants
Les lointains rougis nous reviennent.

Là-bas, ce n'est pourtant que l'apparence d'un songe
Pas même une flaque de lumière bleue, juste une tache d'encre qui
      s'étoile
Pas même un bégaiement, un ruisselet d'eau croupie
Quand les syllabes frottent leurs ailes d'insecte, l'homme siffle le
      départ d'improbables navires.

La mer à la pointe de la mer
En équilibre sur le fil de l'horizon
Exécutant son vieux numéro de cirque sous les huées des marins ivres
Essayant une dernière fois d'avoir l'air sublime dans sa panoplie de
      fer-blanc
Pauvre cocotte lyrique aux yeux cernés, elle récite d'une voix de
      fausset, elle se hausse sur ses cothurnes branlants, elle chante,
      mais la foule est sortie
Elle pleure sous la poudre de riz.

So much light in tears
Horrid feasts are probably being held out on the open sea
Some god has taken a wife or killed his children
The reddened distances return to us.

Yet, over there, it is nothing but the appearance of a dream
Not even a puddle of blue light, only a starburst of ink
Not even a stutter, a rivulet of stagnant water
When the syllables rub their insect wings, man whistles the departure
      of improbable vessels.

The sea at the tip of the sea
Balancing on the horizon's thread
Performing her old circus number to the boos of drunken sailors
Trying one last time to appear sublime in her tin panoply
Poor lyrical whore with her dark-circled eyes, she recites in a falsetto,
      she rises up on her rickety buskins, she sings, but the crowd
      has gone
She weeps beneath the powder on her face.

De toutes parts, elle afflue
Elle ne tient pas debout, ne se déplace pas d'une idée à l'autre
Elle afflue vers soi, elle boite au-dedans de soi : son idée est son être
Elle s'accroche à la proue et regarde le large, elle n'est que ce regard
Voici longtemps déjà qu'elle interroge, posant au ciel ses questions
     bleues.

Mais à quoi bon tant de tumulte ? Un pied devant l'autre mourir
Un mot derrière l'autre couché, on laisse un peu aller son cœur
Comme un chien qu'on rappelle dès qu'il s'éloigne.

From all over, she flows
She can't stand up, does not move from one idea to another
She surges toward herself, she limps within herself: her idea is her
      being
She latches onto the bow and looks at the open sea, she is only this
      gaze
For a long time she has been wondering, asking the sky her blue
      questions.

But what good is so much commotion? One foot in front of the other
      dying
One word behind the other resting, you let your heart go a bit
Like a dog that you call back when he wanders off.

Horizon d'ardoise et de crassier
L'immensité tout à coup se rétracte
Rictus de la mer, bourrée de vieux meubles
De crânes, de corps en vrac et de linges défraîchis
Ce qu'il reste de la Genèse et des complots ratés des dieux.

Le ciel dans son scaphandre dort d'un sommeil de brute
Le large a lâché la meute de ses chiens,
La mort court à ses rendez-vous, vivre est une illusion d'optique.

A horizon of slate and slag
Immensity suddenly withdraws
The sea's grimace, stuffed with old furniture
Skulls, jumbled bodies, and faded cloths
What remains from Genesis and the gods' failed plots.

The sky in its diving suit sleeps deeply
The open sea has released its pack of dogs,
Death rushes to its appointments, living is an optical illusion.

Adresse au nageur

Remarks to the Swimmer

Toi, le petit corps d'homme transi, le bonhomme de chair blanche, tu mimes les gestes de l'amour, tu danses, tes reins s'agitent, tu ne sais plus qui tu es ni qui tu aimes, cela te fait du bien, ce bleu qui te brûle, te remue et te dévêt de toi : ton corps n'est plus si lourd, et te voici couché, vivant, dans un hallucinant sommeil, osant des mouvements aussi déliés que les phrases qui te manquent pour dire le bleu qui est en toi et que la mer chante à ta place quand elle accueille et porte en elle ce corps qu'elle innocente de n'être qu'un paquet de désirs et de larmes.

You there, the tiny body of a transfixed man, the fellow with the white flesh, you imitate love's gestures, you dance, your hips swivel, you no longer know who you are or whom you love, it does you good, this blue that burns you, stirs you and strips you of yourself: your body is not so heavy anymore, and here you are, lying down, alive, in a staggering slumber, daring movements as unbridled as the sentences you cannot find to explain the blue that is in you and that the sea sings in your place when she welcomes and carries in herself this body that she pardons for being nothing but a bundle of desire and tears.

Tu baignes dans le songe, tu perds pied en toi-même.

Ta pensée est sans fond. Le temps te creuse et te ravine. Tu voudrais faire escale sous un azur nouveau.

Tu voudrais t'asseoir au fond de la mer comme les dieux installés dans le ciel, en rond autour d'un puits dont ils remontent, de temps en temps, une âme, un regard d'homme, un cœur de femme, ou quelques livres très anciens dont l'encre violette a pâli.

Tu es un puits de chair plein de chimères.

You're soaking in dreams, you lose your foothold in yourself.

Your thoughts are bottomless. Time digs in and furrows you. You'd like to make a stopover beneath a new azure.

You'd like to sit at the bottom of the sea like the gods settled in the sky, in a circle around a well from which they draw up, from time to time, a soul, a man's gaze, a woman's heart, or a few very old books whose purple ink has grown pale.

You are a well of flesh filled with illusions.

Nageur blanc dans les bras de la mer.

La tête fluide et bleue plus que l'eau, immergé dans le tumulte, tu embrasses ta mort insonore.

Les bras cuirassés d'algues lisses, tu pousses brasse après brasse ton cœur contre l'obscur qui te supporte et te soupèse : ton esprit se dissout lentement, et tous les ressentiments, les calculs, les idées approximatives, les certitudes et les vérités de surface.

Tu vas dans la mer, rincé de ta mélancolie.

White swimmer in the sea's arms.

Your head more fluid and blue than the water, submerged in the tumult, you embrace your soundless death.

Arms clad in smooth algae, stroke after stroke, you push your heart against the darkness that supports and measures you: your mind slowly dissolves, with all the resentments, calculations, approximate ideas, certainties and superficial truths.

You go into the sea, your melancholy rinsed away.

Compose avec ce bleu.

Cette histoire t'appartient. Tu ne pourras jamais te défaire de tout le vague qui s'accumule en toi : tu t'y emploieras, c'est assez. Dresse-toi sur tes faiblesses autant que sur tes forces : ne résiste pas à celui que tu es. Sache reconnaître combien le ciel est pauvre tandis que la terre mélange la misère à la beauté. Dans les yeux de tes semblables, l'infini n'est jamais monotone. Tes limites sont certaines : fais en sorte qu'elles soient vraiment tiennes. Ne fais pas de l'oubli un mauvais usage. Garde en réserve de l'espérance pour les heures de disette : il te faudra quelque jour rendre des comptes.

Use this blue to compose.

This story belongs to you. You will never be able to free yourself from all the vagueness building up in you: you'll devote yourself to it, that's enough. Stand upon your weaknesses as well as on your strengths: don't resist who you are. Recognize how poor the skies are, while the earth mixes misery and beauty. In the eyes of your brethren, infinity is never monotonous. Your limits are real, make them truly your own. Do not misuse forgetfulness. For times of scarcity, keep some hope in reserve: one day you will have to settle up.

Ne rechigne pas à la dépense.

Quand tu ne lui arracherais que des loques, il te faut écrire comme si tu devais liquider la mer. Les mots sont tout ce qu'il te reste : lance toit à l'assaut de ce bleu. Tu dois courir encore derrière la mer. Il t'appartient d'en modifier la teinte, comme de recolorer de temps en temps le ciel, et de rhabiller ses fantômes avec des vêtements neufs. Pour se perpétuer, l'invisible a besoin de figures. L'infini est avide de formes. Il ne prend corps que sur ses bords où se conjoignent le large et le rivage, là où se noie de ton poème le beau regard exact et bleu : la mer est le grand encrier indestructible.

Don't balk at the expense.

Even when you rip nothing from it but rags, you have to write as if you
were to liquidate the sea. Words are all you have left: throw yourself into
the attack on this blue. You still have to chase after the sea. It is up to you
to modify its shade, as it is to recolor the sky from time to time, and to
redress its phantoms in new clothes. In order to survive, the invisible
needs patterns. Infinity thirsts for forms. It only takes shape along its
edges where the open sea and the shore come together, in the space
where the beautiful, precise and blue gaze of the sea drenches itself in
your poem: the sea is the great indestructible inkwell.

Tu as du bleu au bout des doigts.

Tu prends la mer sur des cahiers à grands carreaux où tu traces des lettres rondes qui font des taches. Parfois tu joues de la musique, le dos bien droit, le cœur en larmes, ne sachant guère pourquoi tu trembles ainsi, ni quel plaisir étrange tu goûtes à ce trouble, ni ce que tu attends au juste des mots, ni vers quelles harmonies te conduisent ces passerelles fiévreuses et invisibles sur lesquelles, sans t'en rendre compte, tu as grimpé naguère, et dont tu seras jusqu'au bout le passager docile.

You have blue at your fingertips.

You take the ocean on wide-ruled notebooks where you draw round letters that stain. Sometimes you play music, your back nice and straight, your heart in tears, not knowing why you are trembling so, nor what strange pleasure you find in this bewilderment, nor exactly what you expect from words, nor which harmonies you are being lead to by these feverish and invisible footbridges where, without realizing it, you once climbed and whose docile passenger you will remain till the end.

Tu brûles avec tes phrases.

Tu voudrais marcher sur la neige à pas de vair, entendre la blancheur crisser, palper la fourrure tiède des contes, t'abandonner à leur sommeil, comme à un oreiller où blottir la tête quand quelqu'un raconte une histoire. Chaque fois que ton cœur craque, tu prends ton dé, ta trousse et tes aiguilles : des mots encore avec des mots, bouts de bois, cabanes d'enfants, excès, accès de ciel, fièvres d'encre, une convoitise de bleu, sa mélancolie de jupes claires ; tu es l'ouvrier de l'amour.

You burn with your sentences.

You would like to walk lightly on snow like a squirrel, hear the whiteness crunch, handle the warm fur of fairy tales, abandon yourself to their sleep, as you would to a pillow, where you nestle your head while someone tells a story. Each time your heart creaks, you take up your thimble, your sewing kit and your needles: still more words with words, bits of wood, children's forts, excess, access to the sky, inky fevers, a craving for blue, its melancholy of light-colored skirts; you are love's workman.

Et toi, barbouillée de cerises ?

Ce désastre n'est rien : tes lèvres sont si désirables.

Les dieux bavardent sous le tilleul derrière l'église. Va-t-en à quelques pas d'ici quitter ta chemise et ta robe. A pas d'enfant sur les cailloux.

Tes mains de sucre dans le verger, quand la saison ramène le bleu... Ton cœur repeint de neuf, chaque matin, avec ses émois, ses légendes.

Vide un sac de couleurs sur la tête des statues de plâtre : elle se mettront à chanter *a capella*.

Ouvre le bal : ton amour sera sans pitié.

And you there, smeared with cherries?

This disaster is nothing: your lips are so desirable.

The gods chat beneath the linden tree behind the church. Go a few steps away from here and take off your shirt and dress. With a child's steps on the gravel.

Your sugary hands in the orchard, when the season brings back the blue... Your heart freshly painted, every morning, with its emotions, its legends.

Empty a bag of colors on the plaster statues' heads: they'll begin to sing *a cappella*.

Begin the dancing: your love will be pitiless.

Tu fus la plus bleue dans ta robe.

Au plus clair de la terre, tu rêvas à voix haute.

Tu t'endormis sous les bouquets, et parfois te glissas entre les pages des livres. Tu connaissais le monde pour avoir traversé le jardin, un mouchoir noué sur les yeux.

A tue-tête dans le bleu, ton cœur fut parmi les rosiers une onglée d'astres et de doigts gourds, en ces matins de cavalerie légère.

Mais déjà la nuit dépliait ses velours. Des essaims d'abeilles revenaient du large, un peu de bleu collé aux pattes.

Il était grand temps de mourir.

You were the bluest in your dress.

In the earth's best places, you dreamed out loud.

You fell asleep under the bouquets, and sometimes you slipped between the pages of books. Your knowledge of the world comes from having crossed the yard, a handkerchief tied over your eyes.

At full blast in the blue, your heart was a frost of stars and numbed fingers among the rose bushes, on those light cavalry mornings.

But night was already unfolding its velvet. Swarms of bees were returning from the open sea, with a bit of blue stuck to their legs.

The time to die had come.

Carnet d'un éphémère

Diary of an Ephemeral Man

Neuf jours sur la mer comme dans une église.

Seul avec les dieux, avec leur absence. La pression de leurs mains invisibles sur mes épaules. Seul à comparaître devant le bleu. Dans le grand dimanche de la mer. Buvant l'espace comme un ivrogne. Des goulées d'angoisse et de croyance. Désireux d'ajouter encore du ciel au ciel et de l'eau salée à la mer. Pleurant, baigné d'abîmes. Heureux de ne plus me reconnaître.

J'aime allumer une cigarette au milieu de la mer. C'est un minuscule point rouge sur le bleu. Un point d'incandescence, de grésillement et de chaleur. Il signifie que j'existe : je suis une graine, une pépite d'homme, une parcelle d'âme en larmes, prête à s'agenouiller comme à disparaître.

Nine days at sea as in a church.

Alone with the gods, with their absence. The pressure of their invisible hands on my shoulders. Appearing alone before the blue. In the sea's great Sunday. Drinking up space like a drunkard. Big gulps of anguish and belief. Wanting to add even more sky to the sky and more salt water to the sea. Crying, soaking in the depths. Glad not to recognize myself anymore.

I like to light a cigarette in the middle of the sea. It's a tiny red dot on the blue. An incandescent, sizzling, scorching dot. It means that I exist: I am a seed, a bit of a man, a parcel of a soul in tears, as ready to kneel down as to depart.

Ce bleu me colle aux lèvres.

Celui qui bien tard a compris qu'il ne saura jamais le pourquoi ni le comment des choses, et dont le cœur mangé dérive entre deux eaux, enfouit dans les étoffes de la mer son amertume et son désir. Encore espère-t-il du large un secours, des rafales de ciel, un peu de sang neuf, ce qu'il faut de chair pour chauffer ses os, et peut-être même, les beaux soirs, trois milligrammes d'éternité qui fondent lentement sur la langue.

This blue sticks to my lips.

The one who took a long time to understand that he would never know the how or the why of things, and whose devoured heart drifts between two seas, buries his bitterness and desire in the fabric of the sea. He still hopes for support from the open sea, gusts from the sky, a bit of new blood, just enough flesh to keep his bones warm, and maybe even, on nice nights, three milligrams of eternity slowly melting on his tongue.

Ne partir de rien, insister sur ce rien.

Les mots reviennent alors, comme bouffées de fièvre au visage. Des phrases soudaines pointant le cœur : sa curieuse boule de muscle assoiffée de sang et de rythmes. Je m'en vais ainsi dans la langue : pas de loup sur la page. Pas de phrasé, ou presque. Ce sont des paroles comme on en prononce au-delà de la mer, délivrées, inaudibles. Elles s'écoulent en jus de groseille mêlé au gros sang rouge de nos poignets coupés.

Start from nothing, emphasize this nothing.

Then the words come back, like feverish blasts on the face. Sudden sentences piercing the heart: its strange ball of muscle thirsting for blood and rhythms. This is how I go off in language: a wolf's steps along the page. No phrasing at all, or nearly so. These are the kinds of words uttered beyond the sea, unbound, inaudible. They flow away in currant juice mixed with bright red blood from our cut wrists.

Voici déjà longtemps que je mets des mots avec des mots.

Je fais des phrases avec les choses, avec les jours. Je suis un bonhomme de papier. A force de bricoler dans l'infini, il me semble connaître un peu mieux ma finitude. A vrai dire, je n'écris pas, je *note*, furieusement. Un carnet à petits carreaux, sur une borne au carrefour, près du panneau de l'abribus. Là ou s'affiche la fille en soutien-gorge noir, au regard de madone. Là où le Christ de pierre grise penchait naguère la tête vers les vieillards. Genoux pliés, je griffonne en fraude. Marchant dans la lumière des feux et des enseignes, je me sauve, je me réverbère, je compte mes nuits de chien errant, mes pas perdus, mes poussées de fièvre. Il y a ..., donc je suis un autre. Parmi tous ceux qui passent et dont le cœur cogne tout près. Ecrire..., sans doute le faudra-t-il un jour. Mais l'heure n'est pas encore venue. La chambre est un lieu triste après l'amour. Dans la langue, je suis en transit.

I've been putting words next to words for a long time.

I make sentences out of things, out of days. I am a paper fellow. It seems so much tinkering with infinity has made me better acquainted with my own finitude. To tell the truth, I don't write, I *take notes*, frantically. In a narrow-ruled notebook, against a road sign, at an intersection, near a bus stop. Where I see the girl in the black bra with the eyes of a madonna. Where the gray stone Christ once bowed his head toward the old people. Knees bent, I scribble illicitly. Walking in the light of the traffic signals and store signs, I flee, I reflect myself, I count the nights I've spent as a stray dog, my lost steps, my spikes of fever. There is..., so I am another. Among those passing by whose hearts beat so close. Writing..., it will probably have to be done one day. But the time has not yet come. The bedroom is a sad place after love. In language, I am in transit.

Je contemple dans le langage le bleu du ciel.

Les mots ne me seraient d'aucun prix s'ils se résignaient à nommer ou décrire ce qui est, au lieu de se précipiter vers ce qui n'est pas. Leur aveuglement convient à l'irréductible rêveur que je suis. Ils ont leur manière propre de dissiper le mystère en l'aggravant et de ne rien me donner à voir dont ils n'aient tout d'abord déformé les traits. Je sais leurs tromperies et m'y suis resigné. Je ne compte plus m'approprier ce que je nomme : il me suffit d'esquisser le geste de le toucher des mains. Ne fût-ce que pour en aviver la douleur, je concède au langage le soin de courtiser l'impossible. Jamais l'écriture n'est trop riche de désirs ni de mensonges pour qui fait de ses masques un usage tragique. Sachant sa vanité, il n'y renonce point mais la cultive comme un poison. Dès lors, rien ne l'obsède davantage que cette duplicité à quoi il reconnaît qu'il est en passe de devenir un homme.

In language, I contemplate the blue of the sky.

Words would hold no value for me if they settled for naming or describing what is, instead of rushing off toward what is not. Their blindness suits the uncompromising dreamer that I am. They have their own way of dissipating the mystery by worsening it and giving me nothing to see whose traits they haven't already deformed. I am aware of their trickery and resigned to it. I no longer think I can own what I name: it's enough for me just to barely seem to touch it with my hands. Even if only to sharpen the pain, I leave to language the task of courting the impossible. Writing is never too rich in desire or in lies for those who make tragic use of its masks. Aware of its vanity, it never gives it up, but cultivates it like a poison. From then on, nothing obsesses it more than this duplicity in which it realizes it is on the verge of becoming a man.

Ecrire m'est affaire de partance.

De quais de gares et d'aéroports, de valises faites et défaites, de piles de chemises ou de livres, et d'encre noire qui vire au bleu. Cette vie-ci sur les épaules et tant d'autres dans la tête, je serre autour de moi ma propre chair. Mes visages sont comme mes paroles : je ne m'y installe guère. Couloirs plutôt, ils donnent sur des chambres. Je cogne aux portes et vais de défaites en abdications. Les jours de mes chimères sont comptés.

For me, writing is about departing.

About train station platforms and airports, about suitcases packed and unpacked, about piles of shirts or books, and black ink that is almost blue. This particular life on my shoulders and so many others in my head, I hug my own flesh against myself. My faces are like my words: I hardly settle into them at all. More like hallways, they lead to rooms. I knock on doors and go from defeat to abdication. The days of my illusions are numbered.

Je ne puis survivre dans l'impossible.

Celle qui m'aime a les yeux clairs. Ses gestes sont tranquilles, ses mots toujours sensés. Je lui reproche parfois la sagesse qui me manque. Je l'accable de mes sarcasmes et la quitte pour des créatures autrement ailées et chimériques, semblables aux coups de plume qui me délivrent de ma lourdeur. Mais toujours je reviens vers elle, vers sa maison odorante et propre où il y a beaucoup de place pour mes après-midi de pages blanches.

I cannot survive in the impossible.

The woman who loves me has light eyes. Her movements are calm, her words always sensible. Sometimes I blame her for the wisdom I lack. I heap sarcasm on her and leave her for differently winged and fanciful creatures, who resemble the strokes of the pen that free me from my heaviness. But I always come back to her, toward her clean, fragrant home where there is plenty of room for my white-paged afternoons.

Tard en automne, lorsque la pluie tombe à petit bruit, il me plaît de croire entendre le ciel pleurer. Ecrire ajoute alors ses larmes compliquées à la transparente coulée qui fait tinter le toit d'ardoise et le zinc du chéneau. Ecrire est un geste très doux, enfin presque tranquille. A cette heure et en cette saison, l'on ne brusque pas le langage, on s'y abandonne, sûr que pour une fois la justesse est en un tel acquiescement au murmure de la pluie et à l'obscurité de la fenêtre. On aimerait surtout, à ce moment, relire des pages peu sûres, depuis longtemps abandonnées, convaincu cette fois d'en retrouver l'émotion et d'en comprendre le sens. Et si l'on prend alors la plume, c'est moins pour découvrir que pour reconnaître, comme si l'on se penchait enfin au-dessus de son propre visage.

Late in the autumn, when the rain falls with a soft noise, I like to believe that I'm hearing the sky cry. Writing then adds its complicated tears to the transparent flow that makes the slate roof and zinc gutter jingle. Writing is a very gentle act, almost peaceful actually. At this hour, in this season, you don't rush language, you abandon yourself to it, sure that for once precision is in such agreement with the rain's murmur and the window's darkness. Above all, at this particular time, you would like to reread certain unsure, long-abandoned pages, convinced, this time, of finding the emotion and understanding the meaning. And if you pick up your pen, it's less to discover than to recognize, as if you were finally leaning over your own face.

Tout ce que j'ai aimé, tout ce que j'ai perdu, avait le goût de mon enfance. Quelque chose aurait eu lieu, naguère, dont je me souviendrais mal, et dont ma vie entière ne serait que la mauvaise mémoire. Dans l'amour et dans la langue, je m'efforcerais pas à pas de le déchiffrer, essayant des mots ou des gestes n'ayant en vérité d'autre raison d'être que de rejoindre cette espèce de couleur ou de clarté dont le monde même m'aurait privé, par erreur ou par mégarde... Le temps innocent que convoite chacune de ces phrases est celui où je n'avais presque pas de figure. Faute de jamais le retrouver, je ne puis plus que pressentir, sous l'inutile amoncellement des pages, l'heure proche où de mon visage mangé par les vers s'écoulera une épaisse bouillie noire, bientôt mêlée avec la terre.

Everything I loved, everything I lost, tasted of my childhood. Something might have happened, long ago, something I don't remember well, something that has become the bad dream of my life. In love and language, I would force myself to decipher it, step by step, trying words or gestures whose only reason for being would be to once again find this kind of color or lightness that the world had deprived me of, through mistake or inattention... The innocent time desired by each of these sentences is a time when I barely had a face. Unable to ever find it again, I can only sense, beneath the useless accumulation of pages, the approaching hour when my worm-eaten face will flow into a sort of black mash, soon to be mixed with the earth.

Diverses manières de mourir

Various Ways of Dying

La mort s'endort à même la mer.

Tranquille, au fond, très bleue, sous les ombrages d'algues que la lumière du jour ne traverse pas et que ne dérange aucun désir, là où seul a raison le silence des poissons à la bouche tordue, des sirènes au sommeil d'écailles et des vieux crabes au cœur cruel.

Aucune chance de gagner le ciel, de finir poussière ou fumée. Sur l'œil, la paupière ne bat plus. Animé d'un lent ressac noir, le corps s'entrouvre comme une grosse fleur.

Death falls asleep right against the sea.

Calm, in the depths, very blue, beneath the algae shadows that daylight does not penetrate and that no desire disturbs, there where all that is right is the silence of twisted-mouthed fishes, of sleepy-scaled mermaids, and old, cruel-hearted crabs.

No chance of reaching the sky, of ending up as dust or smoke. The eyelid no longer closes over the eye. Energized by a slow, black undertow, the body begins to open like a large flower.

Dans les soutes de la mer vont des poissons couleur de tôle.

Ils flânent entre les pylônes noirs des algues, les coques rouillées des navires, leurs bastingages d'acier et les rouages bloqués des horloges. Ils inspectent l'appareillage ancien des usines humaines et de leurs croyances désaffectées. Ils dérivent parmi les courants contraires de vivre et de mourir. Ils se complaisent à observer l'ensablement de toute folie, de tout désir. Ils font leur nid dans le crâne des noyés après s'être régalé de leur cœur. Ils portent un goût macabre à la disparition.

Des corbillards parfois traversent ce beau silence couleur de menthe. Ils vont vers des prairies lointaines, tirés par des chevaux aux très lents sabots insonores. Ils ne transportent pas de cendre, mais la poussière même de ce bleu qui poudroie dans la tête humaine.

Aluminum-colored fish wander in the sea's baggage holds.

They linger between the pylons of dark algae, the rusted ship hulls, their steel railings and jammed clockworks. They inspect what has been cast off from man's factories and abandoned beliefs. They drift among the opposing currents of living and dying. They enjoy watching as the sands swallow up all sorts of madness and desire. They make their nest in the skulls of the drowned after they treat themselves to the hearts. They have a ghoulish taste for loss.

Occasionally, hearses cross this beautiful, mint-colored silence. They move toward far-off prairies, pulled by very slow horses with soundless hooves. They transport no ashes, but rather the very dust of this blue that shimmers in the human head.

Le long des falaises et des plages, la mer prend soin de nos dépouilles.

Elle porte aux disparus la même affection triste que les vieilles femmes stériles aux enfants du voisinage. Elle choie leur sommeil. Jour après jour, elle les regarde grandir. Et déjà elle les imagine, nus sous le scalpel, les jambes froides sur le carreau blanc : des corps lourds lavés à grande eau où la pensée fait un trou rouge, à hauteur de la tempe, là même où les cheveux se dépêchent de blanchir, l'œil à jamais collé sous la paupière par ce beau regard de verre bleuté qu'ont les morts.

Bientôt ne subsitera de la vie passée que la bouffissure. De l'amour, les breloques, les tirelires brisées et les papiers froissés. Il ne restera du coquelicot et du bleuet que la tumeur. Rien qu'une histoire décomposée, dans ses grands haillons blancs et noirs.

Along the cliffs and beaches, the sea looks after our remains.

She has for the departed the same sad affection that the sterile, old women do for the neighborhood children. She coddles their sleep. Day after day, she watches them grow. She imagines them already naked under the scalpel, their cold legs on the white slab: heavy bodies washed with large amounts of water where thought makes a red hole, at temple level, just where their hair hurries to turn gray, where the deceased's beautiful blue, glassy gaze seals the eye forever behind the lid.

Soon, all that will be left of past life is puffiness. Of love, charms, shattered piggy banks and crumpled papers. All that will be left of the poppy and cornflower is the tumor. Nothing but a decomposed story in its long black and white tatters.

Le soir, quand elle se retire pour laisser toute la place à l'obscurité, les bateaux amarrés pivotent lentement autour d'un axe invisible et pointent leur proue vers l'est, du côté de la terre, des champs de maïs, des clochers et des troupeaux. Quand l'heure n'est plus à la partance, chacun se fie au paysage : il se retourne pour s'endormir.

La mémoire alors saigne un peu. La nuit referme ses buissons. Nous y laissons des touffes de chair, des rires en grappes, et quelques regards couleur de porcelaine ébréchée : ce sont les vestiges incertains de notre cœur qui luisent un instant puis noircissent.

In the evening, when it pulls back to leave all the room to darkness, moored boats pivot slowly around an invisible axis and point their prows toward the east, toward land, cornfields, church steeples, and herds. When the hour for setting sail is past, each one relies on the landscape: each rolls over to go to sleep.

Then memory bleeds a bit. Night once again closes up its thickets. We leave little tufts of flesh, clusters of laughter, and a few chipped porcelain-colored glances: these are the uncertain relics of our hearts that shine for a moment, then turn black.

Le bout du monde est près d'ici, derrière la mer où crient les poules et aboient de grands chiens, entre des pans de murs effondrés et des potagers vert-chou dont on imagine qu'un ange, la nuit, vient les bêcher. Nul visage aux fenêtres où les chats se lèchent interminablement les pattes. L'herbe fleurit le toit du clocher.

Il manque tant de pierres aux maisons que vivre ici semble désirable. A cause du torchis de l'école troué de nids d'hirondelles, ou de ces croisées qui ne s'ouvrent plus. Et des ruelles bleues de la mer où l'on marche à pas lents, craignant d'y déranger quelque mystère.

The edge of the world is quite near, behind the sea where the chickens shriek and some big dogs bark, between a stretch of crumbling wall and a cabbage-green vegetable garden, that you imagine is weeded by an angel, at night. No face at the windows where cats endlessly lick their paws. The church steeple blooms with grass.

So many stones are missing from the houses that living here seems appealing. Because of the school's mortar pierced by swallow's nests, or the windows that don't open anymore. And the sea's blue alleyways where we walk with slow steps for fear of disturbing a mystery.

De vieilles femmes cassées circulent tout le soir dans le vent aigre de novembre. Automobiles et giclures de pluie, visages d'enfants derrière les vitres. Le ciel gris se constelle lorsque les portières claquent et s'allume le pinceau des phares devant l'entrée du cimetière pour la célébration commune et colorée des morts.

Crucifix de fer-blanc. Trottinement des pas sur le gravier. Le portail grince. La mer toute proche écarquille son œil myope et se soulève un peu pour considérer les vivants qui s'agenouillent puis se relèvent.

Les morts ont le cœur gros de chrysanthèmes. Il leur vient, sous la pierre, des désirs en retard et d'insidieuses tristesses, à cause de ce parfum douceâtre mélangé de voix chères. Des larmes encore voudraient couler de leurs paupières, des paroles filtrer de leurs lèvres, mais seul le gravier crisse et l'ombre se rendort.

Broken old women move about all evening in the bitter November wind. Automobiles and splashes of rain, children's faces behind windowpanes. The gray sky fills up with stars as car doors slam and the beacons of headlights sweep the front of the cemetery for the common and colorful celebration of the dead.

Tin crucifix. Footsteps scurrying along the gravel. The gate squeaks. The sea, so near, squints its myopic eye and rises up a bit in order to consider the living who kneel and then get up again.

The hearts of the dead are heavy with chrysanthemums. Beneath the slab, postponed desires and ominous sadness come to them, because of the cloying perfume mixed with beloved voices. Still tears strain to flow from their eyelids, words to seep from their lips, but only the gravel crunches and the shadow goes back to sleep.

Un cœur de verre plié. Un tas de bois devant la porte. Un bouquet de lilas entre les seins de la petite morte. Un trait de plume au bas de la page dont continue de s'écouler, longtemps après, l'encre invisible. Une chambre sans meuble, où s'allonger un soir à même le sol dans un merveilleux corps sans apparence ni nudité.

La mort est fragile comme l'amour. La mort est en nous l'idée la plus belle, l'idée mère, l'idée douce et sans bornes, la seule idée point trop folle pour laquelle on pouisse avoir encore le goût de vivre.

Celui qui glisse doucement se résigne, ne compte plus ses rides, essaie enfin de faire son lit à cet endroit même dont naguère il songeait à s'enfuir, se prépare, et voit passer tout près des cohortes de sirènes dont les cheveux et le chant excessivement clairs suscitent en lui moins de désir que de mélancolie.

A heart of crushed glass. A pile of wood before the door. A bouquet of lilacs between the breasts of the dead young girl. A pen-drawn line across the bottom of the page, where ink continues to flow invisibly for a long time after. A room without furniture, where you can lie down of an evening right on the floor, in a marvelous body with neither appearance nor nakedness.

Death is fragile, as is love. Within us, death is the most beautiful idea, the original idea, the soft and limitless idea, the only idea that's not so crazy that it still gives us a taste for living.

The one who's gently slipping away is resigned, no longer counts his wrinkles, finally tries to make his bed in the very place he once dreamed of fleeing, gets ready, and watches the parade of mermaids whose excessively light hair and song arouse in him less desire than melancholy.

Quelle sorte de neige tombe sans discontinuer dans la tête blanchie des vieillards après que toutes leurs pensées se sont arrêtées et que leurs paupières se sont closes ? Quel bonnet de laine ou de coton blanc portent-ils, pour se tenir chaud, autour de l'idée de la mort ? A quelle robe claire rêvent-ils encore, dont le jour venu ils se revêtiront, pour s'approcher une dernière fois de l'autel, au milieu de leurs semblables, si peu semblables en vérité avec leurs habits noirs, leurs beaux souliers cirés et leur mouchoirs mouillés ?

What kind of snow continuously falls in the white heads of the old once their thoughts have ceased and their eyelids are closed? What kind of white linen or cotton cap do they wear to keep warm, around the idea of death? What bright robe do they dream of still, the one they'll wear, when the day comes, to approach the altar one last time, amidst their fellow men, yet so unlike them, in their black clothes with their nice shined shoes and damp handkerchiefs?

Le ciel plaît-il à entendre ce léger bruit du cœur qui craque ? Quand le bleu s'étrangle, lassé de battre, celui qui s'en va n'y voit rien. Il gémit, laisse aller sa tête sur son épaule, mais ne comprendra pas la nuit qui d'un coup s'est faite, non plus que la lumière dont il s'absente. Son cri n'est pas de souffrance mais de résignation : n'être cette fois qu'un homme, et s'y tenir. Une miette d'homme que la glaise avale, un bout de honte et de désir qui s'évapore, ne dérangeant en rien l'amour que cette terre se porte à elle-même.

Does the sky enjoy hearing this faint sound of a creaking heart? When the blue chokes, tired of beating, the one departing sees nothing. He moans, lets his head fall upon his shoulder, but he will not understand the night that has suddenly fallen, nor the light he is withdrawing from. He cries out not in suffering, but in resignation: to be only a man this time, to hold on to it. A crumb of a man that the clay swallows up, a bit of evaporating shame and desire, not disturbing in the least the love that this earth feels toward itself.

Dernières nouvelles de l'amour

Love's Latest News

Emma aimait le bleu.

Celui des robes et des rubans que vendent les camelots de passage ou des stores de soie que l'on tire aux fenêtres des calèches. Celui qui recouvre les livres où l'on parle d'amour. Celui que laisse dans la tête la musique après que l'on y a dansé.

Elle n'avait pourtant jamais vu la mer.

Emma liked blue.

The blue of the street peddler's dresses and ribbons, of silk shades pulled across carriage windows. The blue covering books that speak of love. The blue that music leaves in your head after a dance.

Yet she had never seen the sea.

Ses robes, il faudrait en parler.

Cette manière qu'elle a d'en changer. D'en découdre avec la terre, avec le ciel. Ses ourlets blancs qui se déchirent et se rapiècent. Ses défroques d'algues à marée basse sur le sable mouillé. Ses fourrures et ses boléros quand elle s'en va danser au large. Et ce bleu, ce vieux bleu fétiche qui en voit de toutes les couleurs quand elle retrousse ses manches et se met au travail.

Les tentures brodées de myosotis et les miroirs profonds encadrés de faïence avouent quelle nostalgie l'habite. Ici se dissimule une vie recluse de femme, avec ses paquets de lettres noués de rubans violets, ses dentelles mauves, ses coffrets de turquoise, et toute la bijouterie des saphirs, des émeraudes et des perles, la pacotille des verroteries et des pendentifs de nacre, et quantité de fleurs exotiques aux tons indescriptibles piquées dans des vases de porcelaine dont aucune main humaine ne change jamais l'eau.

Her dresses must be mentioned.

The way she has of changing them. Of ripping out stitches from the earth and the sky. Her white hems that rip and are mended. Her algae cast-offs at low tide on the wet sand. Her furs and boleros when she goes off dancing out on the open sea. And this blue, this old talismanic blue that sees all colors and all things when she rolls up her sleeves and gets down to work.

The drapes embroidered with forget-me-nots and the deep, ceramic-framed mirrors attest to the nostalgia living within her. A woman's sheltered life is concealed here, with its bundles of letters tied up with violet ribbons, mauve-colored lace, turquoise boxes, and all their sapphire, emerald and pearl jewelry, glass trinkets and mother-of-pearl pendants, and so many exotic flowers with indescribable colors stuck in porcelain vases whose water no human hand ever changes.

Quand elle défait sa robe, l'homme se tait.

Il regarde le corps à jamais bleu de la chimère et du désir. Il écoute
s'amplifier sa plainte : tant de beauté pour rien. Le ciel et la mer, ce jour,
sont de même chair. Peut-être l'horizon est-il la ligne de partage de
l'âme. L'homme pèse à son prix le désastre qui le tient rivé à ses rêves,
une écume quelconque sur la bouche, dans l'entre-deux du bleu et de
l'azur.

Jamais pourtant de son propre corps elle ne se dévêt. Elle ne consent à
dénouer que ses cheveux, violets, dit-on, comme sont les tresses des
muses où les doigts de l'homme restent pris. C'est un corps de femme
autour de l'idée de la mort, à moins que ce ne soit la peau d'un ange, une
voix, une main, deux gouttes de sang naguère tombées d'un poignet
d'enfant, une tache d'encre bleue fleurissant le papier, un peu de ciel
qui s'est perdu, le rêve ancien d'une âme égarée dans la chair somnolente
et bleue de la mer.

When she loosens her dress, the man is silent.

He looks at her body, forever blue with illusion and desire. He hears her moan become louder: so much beauty for nothing. Today, the sky and the sea mingle their flesh. Perhaps the horizon is the soul's watershed. Man sets the price of the disaster that keeps him pinned to his dreams, the slightest bit of foam on his mouth, in the space between blue and azure.

Nevertheless, she never slips off her own body. She agrees only to loosen her hair, violet, they say, like the locks of the muses where men's fingers are trapped. It's the body of a woman around the idea of death, unless it is an angel's skin, a voice, a hand, two drops of blood that once fell from a child's wrist, a spot of blue ink decorating the paper, a lost bit of sky, the ancient dream of a soul wandering in the sea's sleepy, blue flesh.

Nul ne saurait dire son désir.

Chaste en dépit de ses parades, ses mouvements de hanches, ses colères, ses langueurs, ses outillages de grues et de balises, ses coques et ses carènes, elle dissimule au plus profond du beau milieu de soi quelque bourgeon de rose ou d'algue qui ne s'entrouvre pour personne, hormis les doigts agiles des anges aux ongles faits.

Lascive, mais point enlacée, elle ne tient pas entre des bras d'homme. Nul feu ne la consume, son cœur tranquille est sans passion. Seul l'émeut le silence du ciel et son curieux veuvage, son corps creux plein de larmes, son regard de mauvais alcool, sa manière de partir et de n'aller nulle part, de se débarrasser interminablement de soi, un nuage après l'autre, à perte de vue prisonnier d'un vieux deuil.

No one can express her desire.

Virtuous despite her displays, the swinging of her hips, her rages, her lassitude, the equipment for her cranes and beacons, her hulls and keels, in the dead center of her deepest depth, she conceals the bud of a rose or of algae that opens for no one, except the limber fingers of angels with polished nails.

Lascivious, but not entangled, she cannot be held in a man's arms. No fire consumes her, her peaceful heart is without passion. She is only moved by the sky's silence and its unusual widowhood, its hollow body full of tears, its drunken gaze, its way of leaving and going nowhere, of continuously being rid of itself, one cloud after another, prisoner of an old mourning as far as the eye can see.

Si tu l'appelles, elle ne vient pas.

Elle écarquille son grand œil bleu et te regarde. Tu ne sauras jamais à quoi elle pense. Elle-même ne pourrait te le dire. Elle n'est que vague à l'âme Ses paupières maquillées dissimulent l'énorme pupille de celle dont le regard tue quiconque essaierait d'y voir clair dans le commencement des temps et l'ordre des choses.

Elle n'a pas de patrie, pas de village. Elle a marché longtemps, d'un bout de l'horizon à l'autre. Sa mémoire est mauvaise et sa route incertaine. Sans doute manque-t-elle de reliefs, de chemins creux, de murets de pierres sèches et de clochers qui tintent. Sa fatigue est épaisse : un abîme de douleur et de résignation. Aux hommes, la bonne fortune des soirs d'été dans les ruelles odorantes. Elle se distrait de leurs cris et de leurs rires.

If you call her, she doesn't come.

She squints her large blue eye and looks at you. You will never know what she is thinking. She herself couldn't tell you. She is all melancholy. Her made-up eyelids conceal the dilated pupil of the one whose gaze kills anyone who would try to fathom the beginning of time and the order of things.

She has no homeland, no village. She has walked for a long time, from one end of the horizon to the other. Her memory is poor and her path uncertain. She is surely lacking in contours, in hollowed-out trails, dry, low stone walls and chiming church towers. Her weariness is thick: a chasm of pain and resignation. The good fortune of summer evenings in perfumed tiny back streets is for men. She finds distraction in their shouts and laughter.

Elle se souvient parfois de son enfance.

Tout ce bleu rieur. On y pouvait marcher comme dans un jardin en chuchotant des histoires. On y pouvait toucher le ciel avec les doigts. On s'en barbouillait le visage. On se laissait aller. On n'était jamais seul. On prenait des photographies de l'amour.

Il n'y avait alors pas de cités fumantes, pas de digues, pas de navires de commerce, pas de séparation ni d'horloges. Le cœur battait tout doucement au fond de l'eau. Des femmes, au large, restaient assises, les jambes croisées. Les soirs d'été duraient longtemps.

She sometimes remembers her childhood.

All this cheery blue. You could walk through it like a garden while whispering stories. A place where you could touch the sky with your fingers. You could smear it across your face. You could let yourself go. You were never alone. You took photos of love.

There were no smoking cities yet, no dams, no merchant ships, no separation or clocks. The heart would beat gently in the depths of the water. Women, on the open sea, would remain seated, their legs crossed. The summer evenings would last a long time.

Tant de jours ont passé...

Tant de couleurs pour rien, de cordages dénoués, de mouchoirs sur les quais, de navires en détresse et de laborieux remorquages. Tant de rimes riches et de vers boiteux, de bouffées lyriques et de chansons grises. On a usé le bleu jusqu'à la corde.

Son cœur sans passion repose désormais sur un tapis de chair humaine, d'ongles coupés, de cheveux défaits et de sentiments trahis. Elle connaît le fond du chagrin. Il ne saurait plus rien lui arriver. Elle dort d'un sommeil obtus de bête sourde dans les lieux communs de l'amour.

So many days have passed...

So many colors for nothing, unknotted ropes, handkerchiefs on the docks, ships in distress and arduous hauling. So many rich rhymes and limping verses, lyrical bursts and gray songs. Blue has been worn thread-bare.

From now on, her passionless heart will rest on a rug of human flesh, clipped nails, loose flowing hair and betrayed emotions. She knows the depths of sorrow. Nothing else could possibly happen to her. She sleeps like a dull-witted, unhearing beast in love's communal places.

Certains racontent qu'elle songea naguère à s'évaporer. A cause d'un chagrin. Une histoire d'amour pas très claire avec un marin de passage. On prétend qu'elle voulut partir, planter là ses poissons et ses mollusques, et s'installer sur un des ces atolls lointains où l'on vit sans tracas les pieds dans l'eau en prenant tout le jour le soleil. Ce fut un sacré coup de tabac ! Mais tout rentra dans l'ordre. Elle est calme, elle est sage. Seul demeure de cette ancienne tempête un très léger moutonnement.

Cette blessure pourtant ne s'est pas fermée.

Elle ne sait désormais que faire de son bleu. Elle le repousse et le ballotte. Elle le montre aux hommes de la côte, qui ne manquent pas d'en faire commerce, puis le lui rendent un peu sali. Elle ne se rêve ni rougie des fastes du soleil couchant, ni blanche de colère comme aux jours de tempête, ni même morte et pétrifiée dans son sel, mais tout simplement transparente, ainsi que le regard et la voix de ceux qui se parlent d'amour, en été, les beaux soirs, assis sur un muret de pierre près de la mer.

Some say she once dreamed of evaporating. Because of a painful blow. A rather obscure tale of love with a passing sailor. They say she wanted to leave, abandon her fish and mollusks right there, and settle down on one of those far-off atolls where you live carefree, with your feet in the water, soaking up the sun all day long. It was a hell of a storm. But everything settled down again. All that remains of that long ago storm is a few white caps.

But this wound never healed.

She no longer knows what to do with her blue. She pushes it away and bounces it around. She shows it to the men on the shore, who don't miss a chance to trade in it, then give it back to her a bit dirtied. She doesn't dream she is red with the splendors of the setting sun, or white with anger like on stormy days, or even dead and fossilized in her salt, but quite simply transparent, like the gaze and voice of those speaking of love, in summer, on nice evenings, sitting on a low stone wall near the sea.

Elle appelle amours ces marins en partance et ces voiliers au large, tous les moments où l'horizon s'entrouvre pour la sortir de son ennui. Elle appelle passions les naufrages et tendresse le lever du jour. Elle appelle musique le bruit de son cœur, car elle est naïve et rêve d'être mère. Elle se demande parfois quelle impression ça peut faire d'avoir une âme, à quoi cela peut bien servir. Elle voudrait aussi *se donner* la mort. A vrai dire, elle en a assez de remuer son bleu pour rien. Elle s'attriste, puis sourit doucement.

Elle aime surtout la pluie d'été.

La pluie tiède et grise qui tombe en longues raies obliques sur la mer. Celle qui mouille à peine et dont on n'entend pas la voix. Elle ne cherche pas d'abri pour la fuir, mais lui tend son visage. A cause de sa douceur, elle sait, elle sent qu'elle existe. La pluie, dit-elle, lui fait don d'elle-même, ou lui rappelle ce côté tendre et méconnu de soi, ce libre mouvement de chute monotone, et cette sorte d'ondée légère qu'elle n'est plus depuis que le chagrin a fait main basse sur ses eaux.

Loves is what she calls these departing sailors and sailboats on the open sea, all the moments when the horizon opens slightly to draw her out of her boredom. She calls passions shipwrecks, and tenderness the sunrise. Music is what she calls the sound of her heart, because she is naïve and dreams of becoming a mother. Sometimes she wonders what it would feel like to have a soul, what it could be good for. She would also like *to take* her own life. To tell the truth, she's tired of stirring up her blue for nothing. She grows sad, then smiles softly.

She especially likes summer rain.

The warm and gray rain that falls in long, diagonal lines on the sea. The kind that barely wets anything and whose voice is not heard. She seeks no shelter from it, instead, offers her cheek. Because of its softness, she knows she exists. The rain, she says, makes a gift of itself, or reminds her of her tender and unknown side, this free movement of a monotonous fall, and this light kind of shower that she no longer is since misery got its hands on her waters.

Acknowledgments

Grateful acknowledgment is made to the editors of the following publications in which parts of *A Matter of Blue* or earlier versions of them previously appeared:

Poetry: Chapter 1, "The Blue Look";

Poetry NZ: Chapter 4, "The Seller of Colors";

SITES: "Blue makes no noise."

About the Author and Translator

JEAN-MICHEL MAULPOIX was born on November 11, 1952, in Montbéliard, France. His writing finds its roots in a sort of critical lyricism, and he characterizes it as an on-going dialogue with prose. He is the author of such poetic works as *Une histoire de bleu* (*A Matter of Blue*), *L'Instinct de ciel* (*Instinct for Sky*), and, most recently *Pas sur la neige* (*Snow Steps*). He has also penned critical studies on a variety of French poets, including Henri Michaux, Jacques Réda, and René Char, along with more general essays on poetry: *La poésie malgré tout* (*Poetry Despite It All*) and *Du lyrisme* (*On Lyricism*). Jean-Michel Maulpoix is director of the quarterly literary journal *Le Nouveau recueil* as well as professor of modern and contemporary poetry at the University Paris X-Nantere.

DAWN M. CORNELIO received her PhD in French from the University of Connecticut in 2001, where her thesis was entitled *Understanding Lyrical Circulation: Reading and Translating Jean-Michel Maulpoix's Une histoire de bleu.* Since 2002 she has been assistant professor of French Studies at the University of Guelph (Ontario). She has published numerous brief literary translations in *SITES: The Journal of 20th-Century French Studies*, as well as three novellas by Emmanuèle Bernheim—*Stallone, Friday Night*, and *Switchblade*—and Jean-Michel Maulpoix's collection of poetry *Monologue de l'encrier/The Inkwell's Monologue*. Her research interests include both the theory and practice of literary translation and contemporary French women's writing.

The Lannan Translations Selection Series

Ljuba Merlina Bortolani, *The Siege*

Olga Orozco, *Engravings Torn from Insomnia*

Gérard Martin, *The Hiddenness of the World*

Fadhil Al-Azzawi, *Miracle Maker*

Sándor Csoóri, *Before and After the Fall: New Poems*

Francisca Aguirre, *Ithaca*

Jean-Michel Maulpoix, *A Matter of Blue*

For more on the Lannan Translations Selection Series
visit our Web site:
www.boaeditions.org